U0660814

首山校区校门

首山校区教学楼——尚学楼、尚行楼

宦溪校园一角

宦溪校园实训中心

我校学生参加全国职业技能大赛获三等奖

我校学生参加福建省创新创业大赛获二等奖

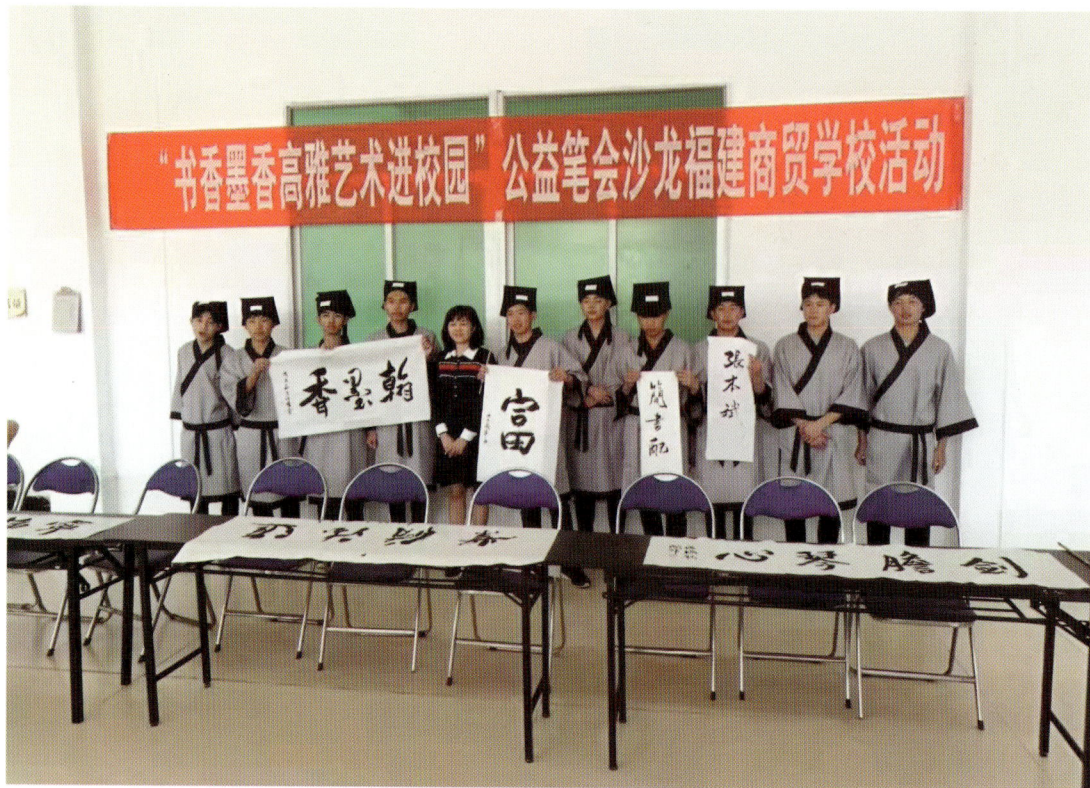

"书香墨香高雅艺术进校园"公益笔会沙龙

学校成人礼宣誓仪式

福建商贸学校学生成长教育读本

主编　罗德兴

参编　张　玲　李栋梁　李锦兴　高宝荣

　　　李　康　刘缦妃　郑　清

主审　陈国庆

西安电子科技大学出版社

内 容 简 介

    本书根据中职学校学生的身心特点、社会发展需要和校园文化特色，以学生入学面临的学习、生活问题和文明素养养成教育为主线进行编写，旨在培养学生良好的行为习惯、健全的人格品质和开拓创新精神，引导学生树立正确的价值取向，提升学生的文化素养和社会适应能力。

    全书共分四篇，即认知篇、生活篇、素养篇、学习篇，内容融合了知识性、趣味性与专业性，并考虑其教育性，通俗易懂，图文并茂，具有较强的可读性与可操作性，对于开阔同学们的眼界有一定的帮助作用。

图书在版编目(CIP)数据

福建商贸学校学生成长教育读本 / 罗德兴主编. —西安：西安电子科技大学出版社，2020.3

ISBN 978-7-5606-5623-6

Ⅰ. ①福…　　Ⅱ. ①罗…　　Ⅲ. ①中等专业学校—学生—综合评价—手册　　Ⅳ. ①G718.3-62

中国版本图书馆 CIP 数据核字(2020)第 011994 号

策划编辑　刘小莉

责任编辑　权列秀　阎　彬

出版发行　西安电子科技大学出版社(西安市太白南路 2 号)

电　话　(029)88242885　88201467　　　　邮　编　710071

网　址　www.xduph.com　　　　　电子邮箱　xdupfxb001@163.com

经　销　新华书店

印刷单位　陕西天意印务有限责任公司

版　次　2020 年 3 月第 1 版　　2020 年 3 月第 1 次印刷

开　本　787 毫米×1092 毫米　　1/16　印 张 11　彩插 2 页

字　数　223 千字

印　数　1～3000 册

定　价　35.00 元

ISBN 978 - 7 - 5606 - 5623 - 6 / G

XDUP 5925001-1

如有印装问题可调换

前　言

本书以学生入学面临的学习、生活问题和文明素养养成为主线进行编写，全书共分四篇。

认知篇：旨在帮助同学们正确认识现代职业教育，做好中职学习阶段的适应与转变，并着重介绍校训、校风、校歌、吉祥物等校园文化和各专业的主要课程、培养目标等，以便同学们尽快了解自己所学的专业、热爱专业，及早做好专业学习规划。

生活篇：新生入学指南，主要介绍新生入学手续的办理流程，指导新生方便快速地办理入学注册手续；国防教育社会实践，主要介绍国防教育的注意事项，增强同学们的国防安全意识，为后面的国防社会实践活动提供参考；国家助学金与资助政策，介绍如何开通绿色通道，解决家庭经济困难同学的后顾之忧；日常安全教育，全面介绍学校日常生活、安全防范等事项，以及日常纠纷的处理和突发险情的应对办法；宿舍管理制度，重在介绍宿舍 7S 管理的要求，以及文明班级、文明宿舍的评比办法，旨在帮助同学们养成良好的学习、生活习惯。

素养篇：重点介绍行为规范养成、文明礼仪与素养以及心理健康，同学们应当认真学习"中职学生综合素质评价"的内容与要求，培养文明素养，正确认识自己，正确面对各种困惑与挫折，建立良好的人际关系，保持健康的心理状态，提高自身的综合素质。

学习篇：主要介绍中职阶段的学习管理规定、实训与实习管理要求、职业技能鉴定与竞赛以及社团及活动，帮助同学们尽快适应中职的学习环境，认识实训与实习的重要性，积极参与职业技能的训练与竞赛，不断提升技能水平，积极参加各种适合自己的社团活动，锻炼与提升自身的综合素质，为今后平安健康的校园生活和学习起到很好的指导作用，为将来立足社会和取得事业成功打下良好的基础。

国无德不兴，人无德不立。党的十八大把立德树人作为教育的根本任务，强调"育人先育德，育德先育魂"，教育的本质是"培养什么人、怎样培养人和为谁培养人"。2018 年 5 月 2 日，习近平总书记在北京大学师生座谈会上强调："要把立德树人的成效作为检验学校一切工作的根本标准，真正做到以文化人、以德育人，不断提高学生思想水平、政治觉悟、道德品质、文化素养，做到明大德、守公德、严私德。"本书根据中职学校学生的身心特点、社会发展需要和我校特色进行编写，注重培养学生良好的行为习惯、健全的人格品质和开拓创新精神，引导学生树立正确的价值取向，提升学生的文化素养和社会适应能力。书中内容融合了知识性、趣味性与专业性，并考虑其教育性，通俗易懂，图文并茂，具有较强的可读性与可操作性，对于开阔同学们的眼界有一定的帮助作用。

由于编者水平有限，书中难免有不妥之处，敬请广大读者批评指正。

编　者

2019 年 12 月

目　录

第一篇

认 知 篇

✑ 本篇导航

◆ 从初中毕业到开启中职学习的大门，匆匆的选择，充满茫然，可能你对职业教育没有太多的了解，本篇就向你介绍现代职业教育的理念。

◆ 初中教育学到的主要是书本上的知识，而中职教育是培养高素质技能型人才的职业教育，本篇带你了解职业教育的重要性。

◆ 中考后的选择是盲目的。一所学校好不好，不是看它有多少新的大楼与宿舍，而是看它是否拥有一支爱岗敬业、业务精湛、团结奉献、爱生如子的教师队伍，在于它的校风、教风与学风，还有它厚重的文化积淀。

◆ 中职教育中作为准职业人的你，除了学习专业理论知识、掌握熟练的专业技能，更应该加强自身修养，提升职业素养与综合素质。你准备好了吗？

◆ 你的地盘你做主。做好自己的职业生涯规划，关心你的班集体和睡在你上铺的兄弟！

本篇重点介绍现代职业教育的理念、职业教育的重要性以及中等职业教育的特点，福建商贸学校的历史、校标、校训、校风、学风、教风、校歌与吉祥物等基本情况，以及学校的专业介绍。帮助学生了解现代职业教育的理念、学校的基本情况与文化内涵，增强职业教育意识，掌握中职教育的特点，做好适应中职生活的准备，认同学校、热爱学校，增强专业意识，养成良好的专业习惯，为未来的中职校园生活打下良好的基础。

主要内容：现代职业教育理念

职业教育的重要性

中职教育的适应与转变

学校简介

学校专业介绍

校园文化与品味福州

第一节 认识职业教育

一、现代职业教育理念

职业教育的理念就是人们关于职业教育的看法、想法、观念和思想。

现代职业教育理念主要包括职业教育现代化、职业教育社会化、职业教育产业化、职业教育终身化四个方面。

1. 职业教育现代化

1) 现代化的含义

现代化有广义和狭义之分。广义的现代化指的是工业革命以来现代生产力导致的社会生产方式的变革，引起世界经济加速发展和社会与之相适应的过程；狭义的现代化则是指现代工艺以及科技革命推动了整个人类社会向工业社会转变，使工业化渗透到经济、社会、文化、思想等各个领域并引起社会组织和行为的深刻变革。

2) 教育现代化理论

教育现代化的实质是指以整个社会现代化的客观需要为动力，用社会文化的全部最新成就武装教育的各个方面，使教育具备适应和促进整个社会现代化的能动力量。一般来讲，教育现代化包括三个层面：一是教育内容、教育技术手段的现代化；二是教育制度和教育管理的现代化；三是人的教育观念以及教育行为的现代化。这三个层面是相互依赖、相互影响、相互制约的。

3) 职业教育现代化的内容

所谓职业教育现代化，指的是要以转变人们的职业教育观念为基础，以完善职业教育体制为根本，以现代化的教育内容及教育手段为中介，建立为国民经济发展培养大批合格的劳动者的社会主义现代职业教育体制，包括职业教育观念的现代化、职业教育体制的现代化以及教育内容、教育手段的现代化。

2. 职业教育社会化

1) 社会化的含义

所谓社会化，指的是社会通过各种方式，使自然人逐渐学习社会知识、技能与规范，从而自觉遵守与维护社会秩序、价值观念与行为方式，成为社会人的过程。

2) 教育社会化理论

教育社会化的基本内容就是系统地对个体进行有关生产与生活基本知识和基本技能的

传授，授以行为规范，确立其人生目标，培养人的社会角色。教育社会化就是要构建学习化社会。

3) 职业教育社会化的内容

职业教育社会化有其特定的含义。它主要包括以下几个方面：

(1) 保证女童和妇女接受职业技术教育与培训的机会均等；

(2) 为失业者和各种处境不利人群提供各种正规与非正规 TVET(技术和职业教育与培训)；

(3) 对社会所有成员进行职业指导和咨询；

(4) 促进弹性入学，以实现终身学习与培训。

3. 职业教育产业化

1) 产业与教育产业的含义

产业是指能在国民生产总值形成过程中提供净收入的行业。我们认为，教育产业的界定主要依据教育在一定历史发展阶段所具有的准公共产品和私人产品的属性。

2) 职业教育产业化的内容

职业教育是教育产业化的重要组成部分。职业教育产业化包括教育规律与经济规律相统一、教育的宏观统一性和微观多样性相结合、合理分担教育成本与多渠道筹措教育经费相结合三个基本原则。

总结起来，教育产业化有五种思路：

(1) 多主体办学；

(2) 以市场为导向，建立灵活的职业教育运行机制；

(3) 实行产业化经营；

(4) 办好校办产业；

(5) 法人应具有良好的管理、经营才能。

4. 职业教育终身化

1) 终身教育的含义

终身教育是人的一生中所受到的各种教育的总和。可以将终身教育的特点概括为：终身教育具有整体性特点，它面向全体社会成员，并且把一切具有教育功能的机构(组织)联系起来；终身教育是持续的，它贯穿于人一生的全过程；正规教育及非正规教育要呈现一体化。

2) 职业教育终身化的内容

职业教育终身化是指每一个社会成员一生中都要接受职业教育。它包括四个原则：职业教育"终身"原则、职业教育与普通教育相结合原则、正规教育组织和非正规教育组织相结合原则、人人受教育与人人办教育相结合原则。

二、职业教育的重要性

职业教育是使受教育者获得某种职业或生产劳动所需要的职业知识、技能和职业道德的教育。如对职工的就业前培训、对下岗职工的再就业培训等各种职业培训，以及各种职业高中、中专、技校等职业学校教育都属于职业教育。职业教育的目的是培养应用人才及具有一定文化水平和专业知识技能的劳动者。与普通教育和成人教育相比较，职业教育侧重于实践技能和实际工作能力的培养。

职业教育重在培养高技能人才，教育是基础，职业教育是关键，可以说，职业教育是高技能人才成长的摇篮。纵观各国的职业教育成果，德国、美国、澳大利亚等国的发展都依赖于大批技术精湛的高技能人才，高技能人才是科技成果物化的主力军。科技要转化为产品，离不开技能人才的劳动，科技专家的发明是极端重要的创造，同样高技能人才把发明图纸变成产品，也是一种创造，两者都是我们国家建设社会主义现代化强国离不开的人才。我们国家之所以称为制造大国而不是制造强国，一方面是缺乏高端的发明家、设计师，另一方面也严重缺乏技术精湛的高级技能人才。现在对高端的发明家、设计师比较重视，但对高级技能人才的重视还不够。从某种意义上说，轻视劳动创造、轻视高级技能人才是轻视职业教育的思想根源。发展职业教育，加快高级技能人才队伍建设，必须从思想认识上、教育结构的配置上、具体的政策措施上给予真正的解决。首先，要认识到职业教育和普通高中教育、大学本科教育一样，都具有重要的地位和作用，绝不能厚此薄彼。要把职业教育放在恰当的地位，加大职业教育在整个教育当中的比重。制定法律法规，确定职业教育在人才开发当中的重要地位，提高高级技能人才的社会地位、经济地位，营造尊重职业教育、尊重技能型人才的社会氛围，不拘一格用人才，把优秀的高级技能人才提拔到管理岗位、领导岗位上来。其次，要加大对职业教育的投入。国家财政要逐步增加对职业教育的投入，企业、农村、基层单位都要支持职业教育的发展，加大人力资源开发的投资，完善培训思路。最后，要改革职业教育管理体制。坚持就业导向、服务宗旨，鼓励技能成才，整合职业教育资源，实现职业教育院校与企业相结合。理论教育要做到实用、扎实，业务教育要注重提高操作和解决问题的能力。要不断地解决完善职业资格思路，使职业教育院校毕业生拥有一定的职业资格。我们相信通过各方面的努力，经过五年、十年的奋斗，我们的职业教育一定会焕发出无穷活力，培养出数以千万计的高级技能人才，为国家的现代化建设作出重大贡献。

职业教育是关系整个国家、整个民族生存的要素。就个人而言，职业教育的功能是训练必要的知识技能与服务道德品性，造就有利于社会生产的一分子；就社会而言，职业教育的功能是对于旧的生产、运输、消费方法谋改进，对于新的生产、运输、消费方法谋创造，使社会一切事业逐步发展，成为富有生机活力的新机构。

教育不过是解决国家、社会、个人种种问题方法中的一种，除此以外，尚有其他方法，如政治、法律、经济等。所以我们对于教育的效用不必存有过分的奢望，但也必须认定，教育对于整个人生确实有莫大影响，有它的功效，有它的力量，值得我们努力。职业教育是教育中的一种，着重于与职业有关的训练，使人在职业上发展个性、服务社会，对于国家的健全有所贡献，尤其在今日中国的情况之下，更显示出它的重要地位和特殊的意义。

本来教育没有职业与非职业之分，就广义言之，一切教育皆含有职业的意味。因为职业活动是完成人生全部活动必要的条件之一，普通教育也应该包括职业活动。所谓普通教育、职业教育，不过是指各种教育的立场而言，并非表示职业教育与普通教育不相关联。总而言之，各种教育的目的都在培植个人活动能力，追随各种人生活动。普通教育为职业教育之基础，职业教育为普通教育的效用。

中华职业教育社于中华民国六年创社之初，对于职业的定义为："一方为己谋生，一方为群服务。"对于职业教育的定义为："用教育方法，使人人依其个性，获得生活的供给和乐趣，同时尽其对群之义务。"

至此，职业教育的价值，决不仅为狭义的功利主义与生产主义，自由教育、文化教育、人格教育乃至公民教育，亦都包含其中。

三、中职教育的适应与转变

经过中考的洗礼，部分学生顺利进入普通高中学习，另一部分学生进入中职学校继续学习。中职教育和普通高中教育是高中阶段教育的两大组成部分，和普通高中相比，中职教育在办学宗旨、培养目标与课程体系等方面有明显不同。首先，中职教育以就业为导向，面向社会、市场办学，主要是为国家培养优秀的应用技能型人才；而普通高中教育则以升学为导向，主要是为本专科学校输送新生。其次，中职教育的课程体系一般由公共基础课、专业基础课和专业课三部分组成，注重文化知识学习与专业技能训练相结合，教学过程强化专业技能的训练与培养，突出实训、实习等实践性教学，提升学生的综合素养；而高中主要是文化课课程教育，实践教学相对要求不高。中职教育具有以下特点：① 具有很强的专业性；② 中等职业技术与普高和职高可以互相转换；③ 搭建培养立交桥，中职学生可以继续深造；④ 中职学校学生具有较强的动手创造能力。

针对中职教育的特点，中职学生尽管可塑性强，但文化基础较薄弱，自律意识较弱，普遍存在失落感与自卑心理；依赖性强，觉得进一步升学的愿望已经无法实现了，新的人生目标无法确定；很多学生是第一次离家来到一个陌生的环境，时常会感到孤单、茫然与困惑。因此，中职学生应调整心态，做好由学生向"准职业人"的角色转变，尽快适应新的学习环境、生活和学习方式。

(1) 培养独立的生活能力与良好的生活习惯。

从初中毕业进入中职教育阶段学习，是同学们的发育成长期，是人生观、价值观和世界观形成的关键期，是同学们从稚嫩走向成熟的转变期。而且，大家离开以往一直依赖的家庭生活到学校过集体生活，需要尽快从依赖中独立出来，独立安排自己的衣食住行，独立面对学习、生活中面临的各种问题，独立思考、独立判断，自我调节、自我管理。因此，需要培养独立生活的能力，自主、自立、自律，合理安排作息时间，积极参加各项有意义的文体活动与志愿公益服务，避免沉迷于吸烟、酗酒、手机游戏等不良生活方式，要养成良好的生活习惯。

(2) 尽快熟悉学校环境及管理规章制度。

到一个新的地方学习生活，需要尽快熟悉学校的设施与环境，包括教室、宿舍、食堂、实训场所等，并尽可能地了解学校周边的环境，以免出现一些不必要的麻烦。俗话说："没有规矩不成方圆。"因此，同学们要尽快熟悉学校管理的各项规章制度，并严格遵守这些规章制度，以保障同学们在校期间学习生活的健康有序，以便在遇到问题时可以及时向相关部门咨询、求助，从而在学校过得充实、开心、快乐，确保大家健康成长并顺利完成学业。

(3) 养成自学的学习能力与习惯。

中职阶段学习与初中时期学习不同。首先，中职阶段的学习内容更多了，除了文化基础课，还有大量的专业课程的学习，专业课程更注重实际动手能力的培养；其次，老师管得相对少了，中学时老师天天跟着，你只要按照老师的要求去做就行了，中职时期老师是你的人生导师，主要教你养成自学的能力与习惯，为人处世的能力，以及独立思考、独立解决问题的能力，即培养你全面发展的综合能力，以便向"职业人"过渡；最后，老师的讲课速度也更快了，教学的信息化手段更多了，课堂中的讨论、实践等案例教学与技能训练多了，真正体现职业教育"做中学、学中做"的理实一体化的职业教育理念。因此，同学们要改变以往应试教育的学习方式，增强学习的主动性、积极性与自学能力，提前做好课程的预习，明确课程的重难点，以提高课堂的听课效率，并不断探索和总结适合自己的行之有效的学习方式与方法。

(4) 学会正确处理人际关系。

中职教育不同于中学的升学教育，它倾向于成人、成才教育。毕业后多数人走上社会成为职业人，是人生成才、成就事业的一个新的起点。中职教育除了学习文化理论知识、专业操作技能外，更要学会做人、做事，正确处理人际关系。在校期间要尽可能多地参加一些适合自己专长的社团活动，学会处理好与老师、同学之间的关系，加强语言表达能力与组织沟通协调能力的培养与锻炼，为毕业后走上社会成就事业打下良好的基础。

(5) 做好自己的职业生涯规划。

职业生涯是一个人的职业路线。进入中职学习后，要尽快了解熟悉自己所学专业的主干课程、专业要求和毕业后可能的就业方向，大力加强职业道德与职业素养养成教育，结合自己的个性专长，规划自己的职业目标，并努力去实现。

制订职业生涯规划要分析了解自身能力、性格特点，找出自己的专长与不足，正视自己与别人的差距，然后有针对性地加以学习、训练与改正，确立自己人生发展的目标，然后制订详细的行动计划，发挥自己的潜能，不断激励自己，最终实现目标。

第二节　认 识 学 校

一、学校简介

福建商贸学校原名为福建省供销干部学校，创建于 1952 年，2002 年更名为福建商贸学校，是一所以财经商贸类专业为主、工科艺术类专业为辅的省属公办国家级重点中专学校，是国家级中等职业教育改革发展示范校，是福建省示范性现代职业院校建设工程 A 类培育学校。学校现有首山、宦溪两个校区，拥有全日制在校生 3230 人。学校核定编制 387 个，现有在编教职员工 193 人。全校中高级职称教师 95 人，"双师型"教师 79 人，省级教学名师 2 人，省级专业带头人 1 人。学校已构建起一支经验丰富、治学严谨、专业理论水平高、业务熟练、奉献精神强的师资队伍。

学校开设有农林牧渔类、信息技术类、财经商贸类、旅游服务类、文化艺术类、休闲保健类、加工制造类七大类 26 个方向的专业，如会计电算化、工艺美术、美发与形象设计、社会文化艺术等，其中商务英语、电子技术应用、电脑美术应用为省级重点专业，电子技术应用和计算机应用及软件实训基地为中央财政支持的实训基地；会计电算化、珠宝玉石加工与营销、物流服务与管理、电子商务、酒店服务与管理等专业是国家示范校重点建设专业，会计电算化、珠宝玉石加工与营销专业是福建省示范专业。学校办学形成集高职、中专和社会培训为一体的多层次办学模式。学校中职学历年招生 1000 人左右，毕业生就业率始终保持在 98% 以上。

学校始终坚持立足供销、服务"三农"、面向市场，为社会培养输送了大量的合格毕业生和社会从业人员。由于办学成绩突出，学校先后获得"福建省先进基层党组织""福建省首届省级文明校园""福建省首届校园文化美育环境示范校""福建省德育先进学校""2017 全国供销合作社行业职业能力建设工作突出贡献单位"等殊荣，2018 年被确定为"全国文明校园先进学校"培育单位。

二、学校标志

学校标志及标志创意说明：

运用传统的中国红作为主色调，采用"S"和古钱币图形，整体造型外圆内方；

标志主体中间抽象化字母 FJ 体现学校地域，小"S"代表商贸，外围的大"S"代表学校；

古钱币造型，诠释商贸内涵，寓意学校是孕育商界人才的摇篮；

中心的图案外圆内方，圆即圆通，方即方正，体现师生为人处世能固守准则，又圆通豁达；

标志主体似双手相握，显示职业教育核心理念——校企合作；

标志主体似"心"造型，突出学校管理特色——从"心"出发；隐现的"5"，代表"五心"，即爱心、信心、诚信、精心、恒心；

标志主色调为红色，象征着学校事业红红火火，蒸蒸日上；

图形中 1952 为学校创办时间。

三、学校介绍

1. 办学理念

1）办学理念

以质量为生命、以规模求效益、以管理创品牌、以创新促发展，立足自身、谋求合作，构筑"一体两翼"，实现科学发展。

2）培养目标

为社会发展和地方经济建设培养高素质劳动者和技术技能型专业人才。以就业为导向、以服务为宗旨，实施职业道德教育、职业知识教育和职业技能训练，培养综合职业能力和职业人文素养兼备，专业教育与通识教育相融的，可持续发展的"和谐职业人"，为社会发展和地方经济建设培养高素质劳动者和技术技能型专业人才。

2. 治校理念

1）管理理念

成功教育、亲情管理，是学校管理理念。

2) 服务理念

(1) 成人。这里要讲的"成人"既不是"成年",也不是"成熟",而是指"成长为人"。对于如何才算成长为人这个问题,并没有统一的标准。从当代中职学生这一特定的社会角色来说,最起码应具备以下三个要素,即健全的人格、高度的社会责任感和强烈的创新精神。

(2) 成才。就是要学会学习。就中国当代社会而言,已从学历社会、身份社会走向能力社会。有能力的人才会获得成功。职业教育,有力地诠释了"让每一个人都有出彩的机会"。

(3) 成功。就是学会做事。在当今社会,成功已成为这个时代最引人注目的话题,对于一个又一个成功者的故事我们更是耳熟能详。成功是一种精神,成功是一次升华,成功是一个过程。懂得了自己追求成功的目标,才能够选准成功的道路,才能不断从成功走向成功。

3. 办学定位

国家级重点,国家改革发展示范性中等职业学校,福建省示范性现代职业院校,是本校的办学定位。

(1) 此定位是学校六十多年办学历史的经验总结和成果展示,展示了福建商贸学校的光荣传统、历史底蕴和区域行业地位。

(2) 学校前途远大,着眼于全国领先的教育理念和手段,以更宽广的视野、更严格的要求、更高端的标准,为以福州为中心的地方和社会发展提供技能人才服务。

(3) 统筹国家和社会、企业、个人资源,学校成为福建当地甚至是国家中职学校的示范者和引领者。

4. 学校愿景

特色鲜明、品牌响亮、示范引领,是学校愿景。

(1) 依托"家园文化"的核心理念,在以校园文化项目为代表的特色建设道路上,福建商贸学校走出了一条鲜明的综合全面、重点突出、管理规范、校企合作的特色之路。

(2) 在宣传推广上,未来学校还要加大宣传推广力度,着重包装以"家园文化"为核心的内容,通过各种活动和传播手段,打造福建商贸学校品牌。

(3) 在专业建设和特色项目建设取得重大成绩的同时,还要更加重视其他方面的不足,以更高的标准要求自己,立足于全面发展,让福建商贸学校的旗帜永远迎风飘扬。

5. 家园文化

1) 家园文化的核心理念

福建商贸学校创建于 1952 年,有六十多年的办学历史。先后被省部级主管部门授予"省级重点中等职业学校"和"全国重点中等职业学校"称号。

经验即财富,在长期的发展中,一代代师生前赴后继地奉献青春、理想和汗水,凝聚成一个个鲜明而闪亮的文化传统。从 2013 年 4 月到 2015 年上半年,学校在第三批全国中等职业教育改革发展示范性学校建设期间,总结多年经验,大力推进以家园文化作为校园文化主题理念，把"文化励志、文化培能、文化铸德、文化奠基"作为强力抓手，形成了"温馨、美丽、乐业、书香"四大支柱性家园氛围。全面调动师生积极性，激发创造性，真正把学校作为家来营造，实现师生与学校共同进步，携手共建和谐发展状态。

(1) 温馨。温馨特指学校全体成员之间关系如同亲人的氛围，并突显了家庭教育中教学生"成人"的侧重点和特色点。

学校上下和衷共济，同事、同学之间同气相求，相处和睦，关系和顺，身体和泰，校企合作内外协和，所有人在这里感受到了和悦如家的温馨。

(2) 美丽。《说文》："美，甘也。"羊大为美，从最基础的味觉感受良好，进而延展到一切让人感官愉快的感觉经验，统称为"美"，美是人类最基本的精神追求。

"金窝银窝不如自己的草窝"，这句俗语最好地诠释了"美不美、家乡水"的精髓。六十多年来，福建商贸学校几经迁徙，见证了学校日新月异不断发展的历程。每一个校园，师生都努力建设、用心妆点，让它始终像家一样美丽。

在宦溪新校区，学校组织了师生领养校园花木的活动，正是"美丽"这一理念现实生动的展现。既有感官上的美丽享受，又有情感和理性感受上的愉悦熏染。

(3) 乐业。《晏子春秋》："道用，与世乐业。"在福建商贸学校，师生都能愉快地安于职守。在主管部门和学校的正确领导下，教师敬业爱生，学生学而不厌，教学相长，共同进步。作为一所中等职业学校，师生积极探索培育职业技能和职业素养，在学历教育和职业培训上，为学生将来成功就业、成为社会主义事业合格接班人做好了充分的准备。

(4) 书香。书香除了呼应学校教育的本质要求，更强调了重视学生阅读习惯的培育。这既是一种教育方法，也是教育目的：将学生培育成有书香、有文化的职业技能人才。

学校在着重老师传授和生产实训增长直接经验这一环节的同时，充分重视书本带来的间接经验的丰富作用。设立资料丰富的图书馆，建设校园书吧，共建班级图书阅览室。紧跟科技潮流，成立"校园书香"网站平台，培育师生终身学习的良好习惯。多次举办读书心得征文比赛等活动，创办了《教学论坛》《求实》《新声》等刊物平台，交流教研和学习经验，形成了富有特色的浓郁书香气息。

2) 学校精神

同舟共济、和谐共建，是学校精神。

(1) 同舟共济，语出《孙子》："夫吴人与越人相恶也，当其同舟而济。遇风，其相救也若左右手。"为了达到同一个目的，即使是仇人也要团结一致、同舟共济，更何况原本就亲如一家的福建商贸学校。这是总结学校建设六十多年来的宝贵经验，之所以能够从无到有，发展到今天成为国家级示范性学校，靠的就是同舟共济的精神。

(2) 和谐共建：联系到国家和社会发展的需求，在产业升级和结构调整的背景下，今天的中等职业教育要走出"象牙塔"，更好地与社会各界紧密联系，统筹各种资源，尤其要与企业和行业机构密切配合，使福建商贸学校能够更好地改革发展，适应社会需要，成为真正的国家级示范性中等职业学校。

3）口号、誓词

（1）学校口号：继往开来、追求卓越。

继往开来：就是继承前人的事业，开辟未来的道路。语出宋·朱熹《朱子全书·道统一·周子书》："此先生之教，所以继往圣，开来学，而有大功于斯世也。"学校六十几载的风雨历程积累了丰富的办学经验，我校秉承前人的事业，实现了跨越式发展，如今正沿着国家示范校建设的轨道开辟未来的道路。

追求卓越：卓越不是一个标准，而是一种境界。它不仅是优秀，它是优秀中的最优。卓越是一种追求，它在于将自身的优势、能力，以及所能使用的资源，发挥到极致的状态，是一种对完善、完美的境界孜孜不倦追求的崇高精神，学校要在职业教育中独树一帜，就需要这种追求卓越的精神。

（2）教师誓词：敬业奉献、为人师表；刻苦钻研、严谨博学；勇于创新、奋发进取；淡泊名利、志存高远。

6. 校训

校训是学校的灵魂，是广大师生共同遵守的基本行为准则与道德规范，体现学校的办学传统，代表着校园文化和教育理念，是人文精神的高度凝练，是学校历史和文化的积淀，体现学校文化精神的核心内容。校训作为一个标尺，是激励和劝勉教师和学生们的精神力量。我校的校训是：自强、明德、敏行、致远。

（1）自强。源自《周易·乾卦》："天行健，君子以自强不息；地势坤，君子以厚德载物。"天地运行自有规律，学生通过教育学习之后，在实践中达到天人合一的和谐状态。

福建商贸学校以此为训，勉励师生通过专业技能的教学相长，安身立命。哲人说，每一门学科都是一种世界观。同理，每一个行业都有使命价值；掌握了一项技术，就为改变自己、改造世界提供了动力。

（2）明德。《礼记·大学》开宗明义："大学之道，在明明德，在亲民，在止于至善。"教育从宏观层面来看，宗旨在于立德树人：发掘和坚持本性之真善美，并且推己及人和精益求精。具体到福建商贸学校，需要坚持地域、历史和学校传统及特色，激扬"闽商精神"，响应党和国家的教育方针，按照《中等职业学校德育大纲》要求，德育为先，学生成材需先明德。体现学校德育优先，成才先成人的理念。

所谓明德，就是自觉以《中国公民基本道德》为准则，在个人品德、社会公德和职业道德等方面，规范言行，服务社会。

（3）敏行。语出《论语·里仁》："君子欲讷于言而敏于行。"意为君子的修养要尽力使自己做到说话谨慎守拙，做事行动敏捷。敏，通"勉"，意为勤奋勉力；行则是指操守品行。敏行合指勉力修身，行动敏捷迅速。

结合上下文语境，就是少说多干。尤其要牢记改革开放以来"空谈误国，实干兴邦"的新时代精神，择善固执，勇于践行。

(4) 致远。初见于《论语》中子夏曰："虽小道，必有可观者焉，致远恐泥，是以君子不为也。"每一门技术技能，都有其独特价值；但是要想融会贯通、志存高远，就不能拘泥于此。此训要求莘莘学子走向社会，融入实践。什么是"远"？《论语·泰伯》中曾子曰："士不可以不弘毅，任重而道远。仁以为己任，不亦重乎？死而后已，不亦远乎？"要跋涉遥远的路途，需要弘扬坚毅、砥砺意志，才有可能抵达理想的彼岸。

致远，激励所有师生个体自我实现，达成远大的理想；学校以此自警，传承优秀传统，总结历代经验，坚持步步为营，从小到大，从成功走向胜利！

7. 校风

校风即学校的风气，是学校在办学过程中长期积淀形成被普遍认可并在校内外具有巨大影响的思想和行为风尚。校风是一种无形的精神力量与优良传统，主要包括学校领导的工作作风、教师的教风、学生的学风以及学校积淀的传统文化精神、学术探索所形成的风气和氛围，集中体现了学校的办学理念、育人方针、学术追求和办学特色，是学校品位和格调的重要标志。校风体现在学校各类人员的精神面貌上，成为学校每一个成员自觉奋进的动力，共同推动学校的繁荣与发展。我校的校风是：协和、尚美、乐业、悦读。

(1) 协和。《尚书·尧典》："百姓昭明，协和万邦。"孔颖达解释："能使九族敦睦，百姓显明，万邦和睦。"既作形容词，指关系和顺；又作动词，意为和睦相处的方法手段。

表达学校对于家园般温馨氛围的期许，以及达致目标的根本性管理机制和举措——"亲情管理"。

(2) 尚美。崇尚美丽，主要对应"家园文化"中的"美丽校园"，是学校环境文化建设的总体要求。

所有让人感受到美好的人、事物，都是我们崇尚和追求的对象，包括美好的道德品质、工作学习、社会关系甚至是衣着打扮。鼓励师生积极地发现美、创造美、鉴赏美，对美的追求是社会创新最为本源的动力。

(3) 乐业。《晏子春秋》："道用，与世乐业。"乐业意为师生安于职守，在主管部门和学校的正确领导下，教师敬业爱生，学生学而不厌，教学相长，共同进步。

作为一所中等职业学校，师生积极探索培育职业技能和职业素养，在学历教育和职业培训等诸多方面，为学生的成长、成才、成功奠定坚固的基石。

(4) 悦读。乐于读书，并从阅读中感受到快乐。与孔子在《论语·雍也》中阐述的"知之者不如好之者，好之者不如乐之者"的精神暗合。

作为有着深厚传统和丰富积淀的福建中职名校，福建商贸学校图书馆设施齐全，资源丰富，运行机制科学规范。通过多种活动，开辟各种平台，积极调动师生乐于读书，学习和补充课堂外的知识技能，形成了浓厚的"书香校园"氛围，自主学习型组织逐渐成型。

8．教风

教风是教师在长期的教学、科研等工作中体现出来的职业精神和学识风范，是学校教师队伍在道德、才学、作风、素养和治教等方面的集中体现，对学生起到熏陶、激励和潜移默化的教育作用。好的教风可以提高学校的知名度、社会声誉和社会可信度，是学校生存和持续发展的动力源泉。我校的教风是：博学、谨行、厚生、敬业。

(1) 博学。博学源自《礼记·中庸》："博学之，审问之，慎思之，明辨之，笃行之。"意为通过广泛的学习，从而达到学识渊博的结果。从博学到审问、慎思、明辨，再到笃行，这是一整套的学习方法，不能以偏概全地割裂开来。孔子用"择善固执"这个成语来总结，异曲同工。

(2) 谨行。《史记·平津侯主父列传》："盖君子善善恶恶，君若谨行，常在朕躬。"只有谨慎行事、谨慎成事的君子，才能够得到别人的爱戴和尊重。

教师原本叫做"师范"，启功先生解释"学为人师，行为世范"，成为北京师范大学的校训，涵盖了教师"言传身教"的基本教学和培育学生的职责和要求。只有通过博学，才能积累丰厚的专业学识和职业技能传授给学生；行为必须严谨，才能给学生做出表率，成为社会的表率。

(3) 厚生。厚爱每一位学生。源出《尚书》："正德，利用，厚生，惟和。"原意是指统治者使得民生温厚。在学校，要求教职工对学生尊重、理解、赏识、信任、关爱，让每一个学生都感受到厚爱。

苏联教育家苏霍姆林斯基说过："没有爱，就没有教育。"只有关爱，才能够让学生"亲其师，信其道"，实现教育的积极效应。

(4) 敬业。《礼记·学记》："一年视离经辨志，三年视敬业乐群。" 把自己从事的教师职业当做事业来敬重，从而能够把全部时间精力和才华倾注到教学和管理当中。在实现自己人生价值的同时，也收获到同事、学生和社会的高度认可和赞许，并从中感受到快乐。

9．学风

1) 学风

"学风"，最早源于《礼记·中庸》，即是"广泛地加以学习，详细地加以求教，谨慎地加以思考，踏实地加以实践"。我们通常所讲的学风特指学生的学习风气，是学生在学习、生活过程中积淀形成的一种相对稳定的学习作风、学习氛围与精神面貌。而广义的学风则包括学习风气、治学风气和学术风气。一所学校具有优良的学风，学生的思想品德、行为养成、价值观念、意志情感等都会受到陶冶与感染，对学生的成长成才和职业生涯发展产生积极的影响与变化。我校的学风是：立德、修身、笃学、尚技。

(1) 立德。 树立德业。源本自《左传·襄公二十四年》："大上有立德，其次有立功，其次有立言，虽久不废，此之谓不朽。"这就是中国传统文化中士子贤达所追求的最高境界"三不朽"。党和国家的教育方针"立德树人"也由此而来。

(2) 修身。陶冶身心。北宋史学家司马光说"正心以为本，修身以为基"，前者是指"正心诚意"，后者则为"修齐治平"，合指"内圣而外王"的儒家修身之道。

有了正确的价值观，才会给社会带来正能量，这也是学校教育的最大价值。

(3) 笃学。专心致志地学习。苏轼《邵茂诚诗集叙》："其为人笃学强记，恭俭孝友。"笃学，在学习上提倡"坚持不懈、脚踏实地、一心一意"的坚韧精神。

(4) 尚技。尚技，崇尚职业技能的掌握和熟练运用，在中职教育学校，这是立身之本。树立以职业技术技能为最高标准，这是福建商贸学校的发展之源。

2) 学生誓词

我校的学生誓词如下：

> 爱国爱校，知行统一；勤学善思，勇于创新。
> 孝敬父母，尊敬师长；团结同学，学会感恩。
> 崇尚创业，诚实守信；勤俭节约，爱护环境。
> 强健体魄，挑战自我；热爱生活，自立自强。

3) 校歌

下面为我校校歌。

10. 环境文化识别系统

环境文化识别系统的道路和楼宇命名，分成首山路老校区和宦溪新校区两个版块，以宦溪校区为主。

根据宦溪校区实地考察的经验，按照家园文化这一核心理念的贯彻，从"和美乐园"四大子系统出发，大体分成食宿区、休闲区、实训区和教学区，分别对应"温馨、美丽、乐业、书香"四个主题。

1) 楼宇和道路命名

学校的楼宇和道路命名见下表。

区域	原楼名	建议名称	释　义
首山校区	办公楼	政德楼	此楼是首山校区的主办公楼，是学校行政办公的主要场所。源出《论语》："为政以德，譬如北辰，居其所而众星拱之。"象征学校坚持德育优先，通过有效的教育和管理，使学校不断地发展壮大
	综合楼	尚行楼	这栋楼是实训楼，"尚行"出自《皇极经世书·观物篇》，提倡实际行动，尊崇实践，强调运用知识服务社会，崇尚品行。《庄子·刻意》："刻意尚行，离世异俗。"引导学生从细节行为入手，成就高尚的品格，创造人生的价值
	教学楼1	尚学楼	"尚学"之"尚"有尊崇、注重的意思。"学"可解释为学问、学习。尚学是主张人应喜爱和注重学习。学海无涯，学无止境。尤其重要的是：学会学习，学会生活，学会做人，学做现代社会的高尚的人
	教学楼2	万里楼	语自明朝福州名人谢肇淛的《登岱》诗句："山河指点东南尽，咫尺应向万里游。"身处咫尺，胸怀万里。激励学生求学先立志，并且通过学习和实训为实现梦想而努力。寓意今日一心向学，明天必定鹏程万里
	公寓楼	景行楼	源出《诗经·小雅·车辖》"高山仰止，景行行止"。景行，指求学之路，光明正大。与劝学名句"书山有路勤为径，学海无涯苦作舟"相关
宦溪校区	宿舍楼1	行健楼(东区五层学生公寓楼)	"行健"意喻运行壮健。《易·乾》："象曰：天行健，君子以自强不息。"孔颖达疏："行者，运动之称；健者，强壮之名。"
	宿舍楼2	行远楼(西区学生公寓楼)	"行远必自迩，登高必自卑"，这句话出自《中庸》。这句话的意思是：走远路，一定要从近处出发；登高山，一定要从低处开始。引导学生做人做事要脚踏实地，明白"不积跬步，无以至千里"的道理
	宿舍楼3	行云楼(东区别墅宿舍)	"行云"意喻流动的云。语出三国魏·曹植《王仲宣诔》："哀风兴感，行云徘徊，游鱼失浪，归鸟忘栖。"因学生别墅宿舍位居高处，居者无拘无束，如闲云流水般洒脱随性

区域	原楼名	建议名称	释　义
宦溪校区	实训楼	弘业楼	"弘业"意喻大业。语出《清史稿·礼志十一》："我皇考盛德弘业，侯服爱戴。"希望商贸学子立志修身，尚技笃学，成就大业
	教学楼1	弘愿楼(西区教学楼)	语出唐窥基《般若波罗蜜多心经幽赞》卷上："若诸菩萨先於菩提发弘愿已，欲勤修学。" 弘愿，通"宏愿"，泛指宏大的誓愿。宏，即大的意思，原指心愿，意思是宏大的心愿。希望商贸学子心胸开阔，志向远大
	教学楼2	弘毅楼(东区教学楼)	语出《论语·泰伯》"士不可不弘毅，任重而道远"。弘毅意为宽宏坚毅，刚强，勇毅。抱负远大，意志坚强
	办公楼	明德楼	源出《礼记·大学》"大学之道，在明明德，在亲民，在止于至善"。明德楼，使师生明白光明正大的社会公德、个人品德、职业道德修养，这是福建商贸学校管理和教学工作的重点
	西区旧办公楼(含礼堂)	弘远楼	"弘远"意喻广大深远。语出唐骆宾王《上司列太常伯启》："识度弘远，器宇疏通。"眼界有多大，心就有多大，走的就有多远，也是师长对学生的谆谆教诲
	培训中心	弘通楼	"弘通"意喻宽宏通达、弘扬流通。语出《旧唐书·韩愈传》："愈性弘通，与人交，荣悴不易。"意喻商贸培训多方人、事、物的汇合，需要融为一体，切中肯綮，才能通达和畅、要而不烦
道路命名	东区电子显示屏到西区风雨操场	春华路	春华即春花，春天的花。《汉书·叙传上》："虽驰辩如涛波，摛藻如春华，犹无益於殿最"，比喻青春年华、少壮之时。唐·李白《惜馀春赋》："望夫君兮兴咨嗟，横涕泪兮怨春华。"暗指刚进校门的莘莘学子正值青春年少，进入学校学习
	东区校训石到炮楼	秋实路	"秋实"是校刊"求实"的谐音，表示师生立志求学的态度，蕴含职业教育注重实践的含义，又比喻人的德行成就。《三国志·魏志·邢颙传》："采庶子之春华，忘家丞之秋实。"
	东区教学楼前	夏清路	语出《礼记·曲礼上》："凡为人子之礼，冬温而夏清；昏定而晨省。"北魏《张猛龙碑》："冬温夏清，晓夕承奉。"合指冬天温被使人暖和，夏日扇席使人清凉，照顾亲人无微不至。还可以传达福建商贸学校环境美丽、氛围温馨的精髓。绿树成荫、四季常青，不仅视觉愉悦，还能带出冬暖夏凉的心理感受，从而更加贴近美丽、温馨的"家园文化"氛围
	后山道路	冬荣路	草木冬季茂盛或开花。《楚辞·远游》："嘉南州之炎德兮，丽桂树之冬荣。"意喻学校繁荣昌盛

2）吉祥物

学校吉祥物是学校的图腾，是学校的化身与象征，它是根据学校的精神、理念和校园文化精髓汇聚成的学校的卡通形象。新颖、独特、活泼、简洁，富有魅力和感染力，让师生们过目不忘，百看不厌；因为对吉祥物的喜爱，进而爱屋及乌，产生对学校的喜爱，并通过学校其他元素的搭配达到整体宣传学校的效果。同时，因为吉祥物具有很强的可塑性、创造性，可以根据学校需要设计出不同的表情、不同的动作和姿势，使之更富有生动性与趣味性，深受师生喜爱，对学校的宣传和发展起到良好的作用。

学校吉祥物取名为"嘉嘉""园园"，是取自学校家园文化的谐音，与学校打造"家园文化，孕育成功梦想"的文化主题相呼应。福建依山傍海，既是沿海省份，同时也是丘陵之地，蓝色和绿色分别代表海洋和陆地。

蓝色吉祥物为"嘉嘉"，前额的海浪造型，象征着闽人"涛来潮头立，敢为行业先"的海洋文化，是商贸文明的代表；绿色的吉祥物为"园园"，前额的绿叶造型，寓意着发展、希望和美好的家园，以及在福建一方水土给予的机遇和取得的成就，是家园文化的代表。绿色和蓝色代表着山与海的互动。本吉祥物立意福建商贸学校愿做中国海洋文化的传承者，也是"一带一路"倡议的推行者，商贸人通过海上陆上汇通天下，实现商贸交流，立足本土勇于开拓实践，营造美好家园。

学校吉祥物——嘉嘉、园园

四、学校专业介绍

学校根据一带一路、海峡西岸经济区发展、供销社改革发展及闽台合作项目等对人才的需求，以示范校建设为契机，以市场为导向，加强专业建设，优化专业结构，逐步打造成以财经商贸类为主导，向艺术和理工科类发展的"一体两翼"专业建设模式。具体专业如下。

1. 会计电算化

会计电算化专业是我校开办最早的专业，学制三年。我校与多家企业深度合作开展现代学徒制的教学模式，学生在校期间学习会计基础、初级会计实务、会计电算化软件、税收基础等专业课程的同时，由企业师傅带着徒弟(学生)学习代理记账业务内容，根据专业课程的学习进度，分阶段到企业进行认知实习一周、跟岗实习一个月和顶岗实习一学期的实践活动。学生的账务处理能力和动手操作技能水平完全能在毕业时顺利走上中小企业的财务工作岗位。

本专业主干课程有会计基础、初级会计实务、会计电算化、商品流通企业会计、税收基础等。

本专业特色实训课程有沙盘模拟企业经营实训、小企业会计模拟实训、财税代理实训、VBSE 财会综合实训、商品流通企业会计实训等。

本专业为国家示范校建设重点专业和"省级示范性现代职业院校建设工程"财经商贸类专业群引领专业；2014 年以来，学生在福建省财经商贸类高职招考中三次夺得全省第一名；2013 年以来，连年承办福建省会计技能大赛省属校沙盘模拟企业经营赛项的工作。

会计电算化实训室

2. 金融事务

金融事务专业是与会计电算化专业并行发展的专业，培养银行、保险公司、投资管理公司等中小型企业的初级技能型人才。学生在校期间学习银行客户服务技巧应用、金融基础、保险基础、金融营销等专业课程的同时，根据学习进度，分阶段到企业进行金融认知实习一周、跟岗实习一个月和顶岗实习一学期的实践活动。学生的柜面业务服务能力和动手操作技能水平完全能在毕业时顺利走上中小企业金融相关的工作岗位。

本专业主干课程有保险基础、金融基础、银行客户服务技能、金融营销等。

3. 商务英语(跨境电商方向)

商务英语(跨境电商方向)专业学制三年，涵盖英语语言基础和国际商务两大内容，主要培养具备基本的英语技能、外贸技能、电子商务技能、计算机技能的跨境电商人才。毕业可从事对外商务管理和服务、涉外业务、英语培训等岗位工作。

职业英语技能赛

本专业主干课程有英语语音、商务英语、商务英语听说、商务英语口语、商务英语函电、国际贸易基础与实务、国际商务单证、商务谈判、跨境电商平台基础概论、跨境电商平台运营实战等。

本专业为省级重点专业，学生多次在省属中职校技能选拔赛英语技能赛中获得优异成绩。

4. 市场营销(茶叶营销方向)

市场营销专业为我校老牌专业，茶叶营销为特色方向。本专业注重与茶叶企业合作，通过校内外理论学习和技能实训培养茶叶加工、检验、评定、表演和运营等应用型专业人才。毕业生可从事茶叶销售、茶艺表演等相关工作。

本专业主干课程有茶叶商品学、茶叶营销、茶叶制作工艺、茶叶检验、茶艺表演、茶叶销售、茶叶评审等。

本专业为中华全国供销合作总社示范校建设重点专业和"省级示范性现代职业院校建设工程"财经商贸类专业群主干专业。

茶叶营销模拟实训课

5. 市场营销(连锁经营与管理方向)

市场营销(连锁经营与管理方向)专业为我校老牌专业，培养具有市场营销、连锁经营与管理、商品陈列、商务谈判、门店运营等知识与技能的应用型专业人才。毕业生可从事连锁企业的商品采购、销售、批发、零售等经营管理工作。

本专业主干课程有市场营销学、礼仪与公关、商品经营实务、连锁经营与管理、柜组核算、门店运营与管理等。

本专业为中华全国供销合作总社示范校建设重点专业和"省级示范性现代职业院校建设工程"财经商贸类专业群主干专业。

连锁超市跟岗实习

6. 市场营销(网络营销方向)

市场营销(网络营销方向)专业培养具有市场营销与电子商务运营推广等知识与技能的应用型专业人才。毕业生可从事线上线下产品的营销及策划，进行目标客户的识别与管理等工作。

本专业主干课程有市场营销、电子商务、现代推销技术、网络营销实务、网络客户服务与管理等。

本专业为中华全国供销合作总社示范校建设重点专业和"省级示范性现代职业院校建设工程"财经商贸类专业群主干专业。

网络营销实训

7. 电子商务

电子商务专业为我校引企入校特色专业。校企共建实训室，通过电子商务新媒体综合实训，培养有适当电子商务基础理论知识，能独立承担网站运营和管理工作，有一定营销策划和数据分析能力，具备较强的网络推广能力的高素质技术技能型人才。毕业生可以从事电子商务行业运营、推广、设计和客服四大核心岗位工作。

本专业主干课程有电子商务基础、商品拍摄与图像处理、、电子商务网页设计与制作、数据库管理及应用、网店经营与管理、客户关系管理等。

本专业为我校"省级示范性现代职业院校建设工程"财经商贸类专业群主干专业。

8. 物流服务与管理

物流服务与管理专业为我校引企入校特色专业。校企共建实训室，培养能掌握一定的物流管理理论知识，具备较强的实际操作技能，能从事现场物流作业的技术应用型人才，通过鉴定考试可取得相关物流从业资格证书。毕业生可在工业、商业企业、专业物流公司从事仓储、配送、运输、报关等物流工作。

本专业主干课程有物流基础、物流运输管理、物流仓储与配送管理、物流信息技术、电子商务与物流、企业物流实训等。

本专业为我校"省级示范性现代职业院校建设工程"财经商贸类专业群主干专业。

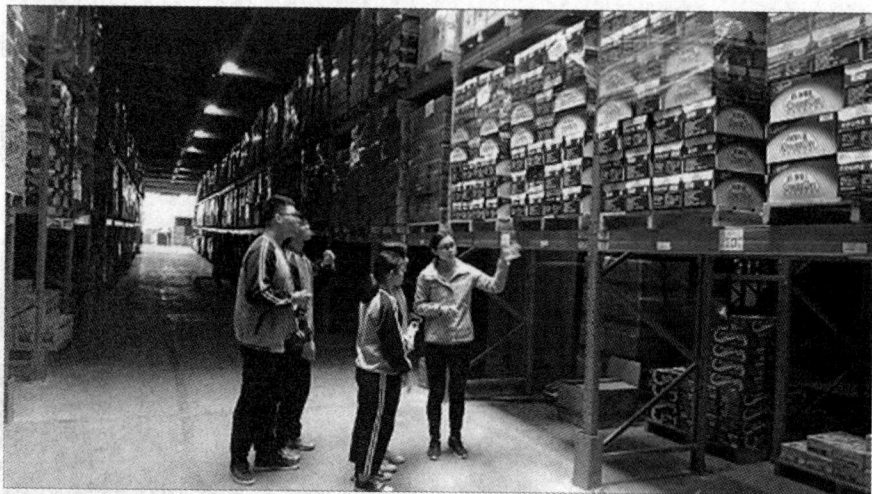

物流仓储认知实习

9. 高星级饭店运营与管理

高星级饭店运营与管理专业为校企合作专业，拥有餐旅实训室等校内实训场所和厦门佰翔机场酒店、福州聚春园等校外实训基地，培养高星级饭店运营与管理的技能型人才。学生通过专业学习，掌握酒店服务、经营管理等相关知识，具备酒店管理与服务能力和外语沟通技能。毕业生主要在高星级饭店、宾馆、旅游管理部门及相关领域工作。

本专业主干课程有餐饮服务与管理、前厅服务与管理、客房服务与管理、饭店市场营销、酒店服务礼仪等。

本专业为中华全国供销合作总社示范校重点专业，连续三年承办福建省省属中职校技能选拔赛酒店服务赛项的工作。学生在职业院校技能大赛酒店服务竞赛中取得省属选拔赛一等奖、省赛三等奖的好成绩。

10. 旅游服务与管理

旅游服务与管理专业培养旅游服务人才，拥有专业虚拟仿真实训室。学生通过专业学习，掌握旅游服务、经营管理等相关知识，具备旅游服务能力及外语沟通等技能。毕业生可从事旅行社、旅游景区、旅游管理部门、会展布置及相关领域工作。

本专业主干课程有导游基础知识、导游服务规程、旅游英语等。

11. 美容美体

美容美体专业是福建省现代学徒制培养模式改革试点专业。校企深度合作，建有校内专业相关实训室，拥有福州窈窕淑女美业集团等校外优质实训基地，培养美容人才。学生通过课堂实训和校内工作室实践，具备较系统的美容美体专业知识、较强的专业技术能力，可考取中级美容师证。毕业生可从事美业技术性工作及行业管理工作，可自主创业。

本专业主干课程有美容护理学、美体护理学、面手部护理、特殊面部护理、美体与塑形、水疗与香薰、美发与造型、基础化妆、美甲与造型等。

美容美体校企定制班到企业认知实习

12. 美发与形象设计

美发与形象设计专业是福建省现代学徒制培养模式改革试点专业。校企深度合作，建有校内专业相关实训室，拥有上海曼都美发有限公司等校外优质实训基地，培养美发与形象设计人才。学生通过课堂实训和校内工作室实践，提升审美观念，具备扎实的专业基础知识、较强的人物造型能力和实操能力，可考取美发师证。毕业生可从事美发、美妆与形象设计等工作。

本专业主干课程有美发与造型、修剪造型、烫漂染技术、基础化妆、美甲与造型等。

本专业为中华全国供销合作总社示范校建设重点专业，连续获得全国及福建省中职职业技能大赛大奖。

13. 工艺美术(广告设计与制作方向)

工艺美术(广告设计与制作方向)专业是福建省现代学徒制培养模式改革试点专业。校企合作，建有校内外实训基地。培养具有图文设计、包装设计、装潢美术设计、多媒体产品制作等技术技能型人才。毕业生可从事视觉传达，图文设计，装潢美术设计，多媒体产品的设计、制作、营销等工作。

本专业主干课程有广告设计、VI 设计、Photoshop、CorelDraw、标志设计等。

本专业为国家示范性建设重点专业和"省级示范性现代职业院校建设工程"文化艺术类专业群引领专业。

广告设计与制作实训室

14. 工艺美术(室内设计与制作方向)

工艺美术(室内设计与制作方向)专业是福建省现代学徒制培养模式改革试点专业。校企合作，建有校内外实训基地。培养具有现代设计理念、室内装潢设计才能，能快速完成室内设计方案创作的专业技术技能型人才。毕业后可从事建筑室内装饰设计、室内装修施工管理、建筑装饰工程内业管理等工作。

本专业主干课程有施工图绘制、效果图绘制、AutoCAD、3DMAX、施工技术与材料等。

本专业为国家示范校建设重点专业和"省级示范性现代职业院校建设工程"文化艺术类专业群引领专业。

15. 工艺美术(首饰设计与制作方向)

工艺美术(首饰设计与制作方向)专业是福建省现代学徒制培养模式改革试点专业。校企合作，建有校内外实训基地。培养具有首饰设计、首饰鉴赏、首饰制作等能力的专业技能应用型人才。毕业后可从事首饰设计公司、艺术品设计机构、首饰制作公司及首饰品检测机构等相关岗位工作。

本专业主干课程有图案设计、色彩构成、首饰材料学、首饰设计手绘技法、首饰设计CAD、3D 电脑打印技术、Photoshop、首饰制作工艺等。

本专业为国家示范性建设重点专业和"省级示范性现代职业院校建设工程"文化艺术类专业群引领专业。

16. 珠宝玉石加工与营销(珠宝玉石鉴定与营销方向)

珠宝玉石加工与营销专业为我校特色专业。校企合作，建有校内外实训基地。培养具有珠宝鉴定、珠宝营销、金银饰品制作等能力的专业技能型人才。毕业后可从事首饰公司、珠宝公司、珠宝商场、珠宝玉石检测机构、海关质检机构等相关岗位工作，也可以自主创业，开办个人手工坊及珠宝专柜。

本专业主干课程有宝石学、珠宝营销、珠宝门店销售与管理、珠宝鉴赏、珠宝设计、金银饰品制作工艺、金银饰品镶嵌工艺等。

本专业为市级重点专业，是"省级示范性现代职业院校建设工程"文化艺术类专业群主干专业，我校为福建省内最早开办该专业教育的学校。

珠宝玉石鉴定实训

17. 社会文化艺术

社会文化艺术专业为我校长线骨干专业，建有校内专业相关实训室，拥有华南幼教所、福建师大幼儿园等校外优质实训基地，培养学前教育人才。学生学习学前教育方面的基本理论知识，接受幼儿园教育基础、学前儿童保育学、手工制作、舞蹈、声乐、钢琴、美术等专业技能的基本训练。与福建教育学院合作，通过小自考可获取自考大专学历，实现升学深造，考取幼师资格。毕业生可在学前教育机构从事教学和管理工作，在社区活动中心、文化宫等基层文化机构从事群众文化艺术普及和表演艺术等工作。

本专业主干课程有音乐(钢琴、声乐)、舞蹈、幼儿教育学、幼儿心理学、幼儿园活动设计与实践、手工制作等。

本专业为我校"省级示范性现代职业院校建设工程"文化艺术类专业群引领专业，直接对接福建教育学院学前教育专业自考大专。

形体训练

18. 建筑工程施工

建筑工程施工专业建有建筑工程施工相关岗位校内实训室,培养具备运用建筑施工知识解决施工中的一般技术问题,进行施工组织与管理的技术人员。毕业生可从事工程施工、质量检查、安全管理、内业管理、材料试验和建筑测量等工作。

本专业主干课程有建筑力学、建筑制图、建筑材料、建筑构造、建筑测量、建筑施工技术、施工组织设计、施工项目管理、施工质量检验、建筑 CAD 等。

19. 汽车运用与维修

汽车运用与维修专业为我校引企入校骨干专业。校企双方共建实训室,注重从现代汽车检测、维修、维护、销售等方向夯实学生理论基础和专业基础。通过理实一体化教学、真车实训,提升汽车故障检测及维护技能,培养汽车服务业的实用性人才。毕业生可从事汽车维护、修理、检测、技术使用管理、机务管理等技术工作,也可从事汽车配件的贸易和售后服务工作。

本专业主干课程有现代汽车发动机构造、检测与维修,汽车使用与技术管理,汽车性能与检测技术及驾驶考证等。

20. 汽车美容与装潢

汽车美容与装潢专业为我校引企入校特色专业。校企双方共建实训室,通过学习,掌握汽车漆面封釉、漆面镀膜、汽车桑拿、底盘封塑、臭氧消毒、划痕修复、专业真皮维护等专业技能,培养汽车美容与维护企业急需的一专多能技术应用型和管理人才。毕业生可从事汽车清洗、汽车美容、汽车装饰、汽车美容与装潢设备及材料销售等岗位工作。

本专业主干课程有汽车构造、汽车美容、汽车营销基础与实务、汽车保险与理赔等。

21. 计算机应用(计算机信息管理安全方向)

计算机应用专业建有中央财政支持的实训基地，培养具有计算机单机、局域网、广域网安全防护的相关能力的高素质技能型人才。本专业面向计算机技术的应用领域，结合信息管理安全方向，学生可学习计算机及其使用、维护、管理，以及相关领域的软件与硬件操作、办公应用、网络应用和信息处理等操作技能，同时掌握各型数据库的基本应用和信息系统安全的基础知识，培养信息化过程的规划、管理、控制、评价等工作的能力。毕业生可从事计算机技术应用、维护、信息管理等工作。

本专业主干课程有计算机应用基础、计算机组装与维护、计算机网络技术基础、网页设计与制作、图像处理、多媒体技术及应用、网络操作系统Linux、网络设备配置与调试、信息系统安全、计算机程序设计、数据库SQL技术及应用等。

计算机多功能综合布线实训室

22. 计算机网络技术(物联网技术应用方向)

计算机网络技术专业建有省级实训基地，培养物联网或基础网络的相关专业的产品生产、技术服务、维护维修、产品推广及营销等高素质技能型人才。本专业面向计算机网络技术的集成与应用领域，结合物联网应用方向使学生掌握物联网应用技术的基础理论、物联网关键技术、物联网工程施工安装调试技术。毕业生可从事网络组建、网络设备安装与调试、网络系统维护与管理、物联网产品营销以及相关产品销售等工作。

本专业主干课程有计算机网络技术基础、交换机与路由器配置、网络综合布线技术、物联网技术概论、数据库基础(SQL)、RFID技术及应用、传感器与检测技术、单片机原理与应用、嵌入式系统技术、JAVA程序设计、物联网技术及设备维护、无线传感器网络安装与调试、物联网综合实训、Linux操作系统、网络信息安全等。

网络设备的配置与调试实训室

23. 计算机动漫与游戏制作

计算机动漫与游戏制作专业为我校特色专业，培养具有独立制作动画短片、动画广告与游戏制作等能力的高素质专业技术技能型人才。毕业生可从事动漫与游戏制作、影视后期制作、动漫插画制作、动漫周边产品的设计与制作等工作。

本专业主干课程有场景设计、二维动画设计、影视特效及后期制作、游戏设计制作、传统动画设计等。

本专业为"省级示范性现代职业院校建设工程"文化艺术类专业群主干专业。

动漫与游戏制作实训室

24. 电子技术应用(家电维修方向)

电子技术应用(家电维修方向)专业拥有中央财政支持的实训基地,培养家电维修服务人才。学生学习家用电子的基本理论及性能,掌握生产、装配电子电器产品技能,具备经营、售后服务、一线管理工作能力。毕业生主要面向电子电器设备的生产企业及营销和服务部门,可从事日用小电器、音频视频家用电器和办公自动化设备的装配、调试、销售和检修,以及电器线路的安装与维护等工作。

本专业主干课程有电子技术、电工基础、电工技能、电子装配技术、办公自动化设备应用与维修、音视频设备应用与维修、日用电器产品应用与维修、计算机组装维修,传感器与检测技术等。

本专业为国家示范校建设重点专业,省级重点专业。

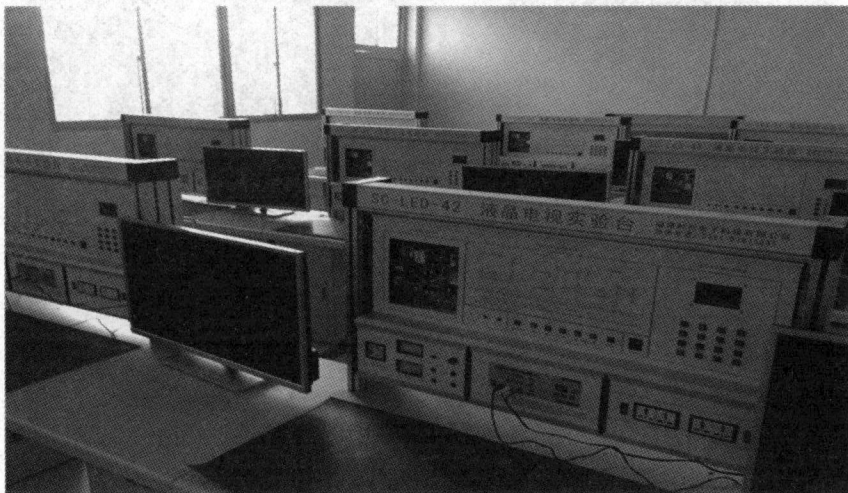

家电维修实训室

25. 电子技术应用(汽车电子方向)

电子技术应用(汽车电子方向)专业拥有中央财政支持的实训基地,培养汽车电子服务人才。学生学习汽车电子基本理论及性能,了解汽车电子电器产品销售策略,注重实践,掌握汽车电子专业技能。毕业生既可从事汽车维护、修理、检测,技术使用管理,机务管理等技术工作,也可从事汽车电子配件的贸易和售后服务工作。

本专业主干课程有汽车电子整机维修、汽车电工基础、汽车电子电路设计、汽车电子产品检验、汽车电器产品营销、传感器与检测技术等。

本专业为国家示范校建设重点专业,省级重点专业。

26. 电子技术应用(物联网方向)

电子技术应用(物联网方向)专业拥有中央财政支持的实训基地,培养物联网服务人才。学生学习电子技术基础理论知识、基本技能,培养电子产品生产装配、经营电子管理的能力；具备从事物联网的开发、无线网络安装和调试以及售后服务、一线管理的工作能力。毕业生主要面向电子电气设备的生产企业及营销和服务部门，可从事物联网产品生产，办公自动化设备的装配、调试、销售和检修，以及售后服务等工作，也可以在其他电子领域工作或继续深造。

本专业主干课程有电子技术、电工基础、物联网基础、电子装配技术、办公自动化设备应用与维修、物联网应用技术、单片机技术及应用、计算机组装维修，传感器与检测技术等。

本专业为国家示范校建设重点专业，省级重点专业。

电子技术应用实训室

第三节　学校交通与品味福州

一、学校交通指南

1. 福州火车站(北站)到学校的乘车路线

(1) 在火车站南广场地铁站坐地铁 1 号线往火车南站方向到三叉街站 B 出口，往前 30 米，左后坐 501、83、126、307、113、42、26、163、502、188、4 路等公交车到程埔头站下车，沿首山路步行约 500 米即到福建商贸学校。

(2) 在火车站北广场公交车站坐 K2 路公交车到福建师大(程埔头)站，下车后沿首山路步行约 500 米即到学校；也可乘坐其他公交线路到埔顶或三叉街站，转其他公交车到程埔头站下车，步行到学校。

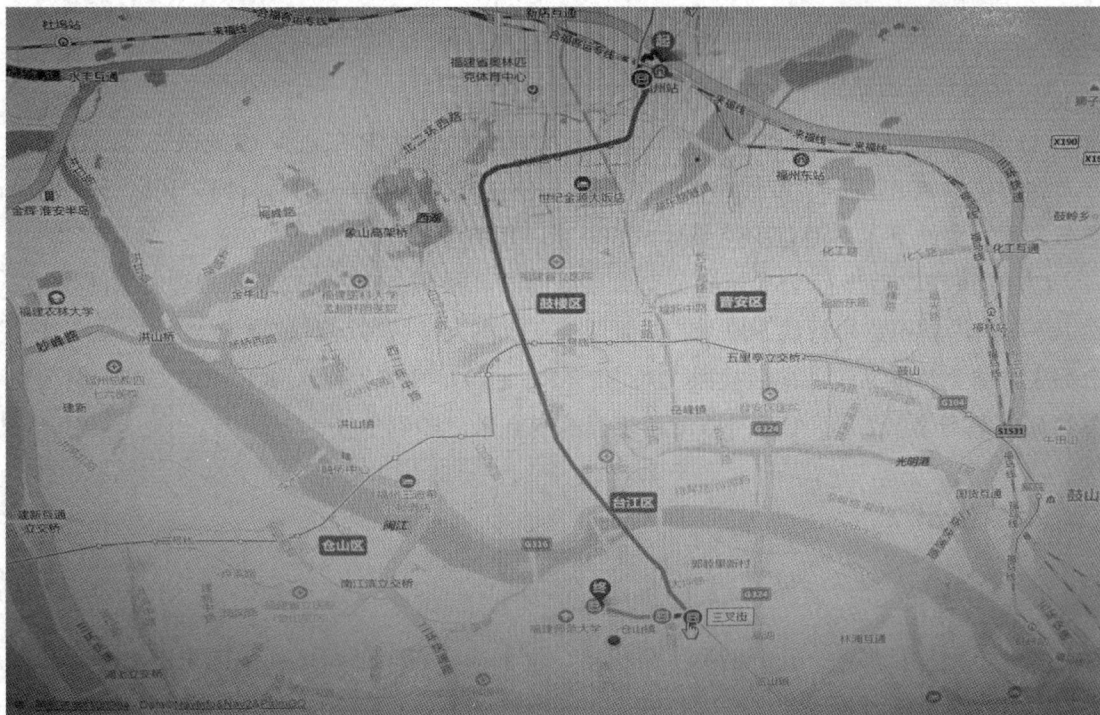

火车站到学校地图

2. 福州火车南站到学校的乘车路线

(1) 在火车站出口前方的地铁站坐 1 号线到三叉街站 B 出口后,往前 30 米,左后坐 501、83、126、307、113、42、26、163、502、188、4 路等公交车到程埔头站下车,沿首山路步行约 500 米,即到学校。

(2) 在火车站右侧广场公交车站坐 83、124、167 路公交车到福建师大(程埔头)站,下车后沿首山路步行约 500 米,即到学校;也可乘坐 K2 路到则徐大道盖山路口站下车,转乘 83、113、4、42、124、26、188 路公交车到程埔头站下车,步行到学校。

3. 福州汽车北站到学校乘车路线

(1) 到福州火车站(北站)的地铁站(E 口进)坐地铁 1 号线往福州南站方向到三叉街站 B 出口后,往前 30 米,左后坐 83、126、124、113、42、157、163、188、4 路等公交车到程埔头站下车,沿首山路步行约 500 米,即到学校。

(2) 在站前华林高架乘坐 20 路、126 路公交车到福建师大(程埔头)站,下车后沿首山路步行约 500 米,即到学校;也可到火车站南广场乘坐 K1 路公交车到程埔头站下车,步行约 500 米,即到学校;或到火车站南广场乘坐 K2 路公交车到桥南站下车,转乘 K1、115、47、307 路公交车到程埔头站下车,步行到学校。

4. 福州汽车南站到学校乘车路线

出汽车南站后在公交站可乘坐 1 路、8 路等公交车到桥南站下车,转乘 K1、115、47、

307 路公交车到程埔头站下车，步行到学校。

5. 福州汽车西站到学校乘车路线

(1) 出汽车西站后步行约 400 米到董屿福建师大地铁站(B 口进)，坐地铁 2 号线往洋里方向到宁化站 A 出口出，步行约 300 米到浦东公交站，乘坐 4、124、113、106、307 路公交车到程埔头站下车，沿首山路步行约 500 米，即到学校。

(2) 出汽车站后步行 250 米到公交大学城总站，乘坐 26 路公交车到福建师大(程埔头)站，下车后沿首山路步行约 500 米，即到学校；或在大学城客运西站乘坐 43 路公交车往仓山师大方向到竹揽站，下车后换乘 47、42、163、197、126、142、K1、167、188 路公交车到师大(程埔头)站，下车后沿首山路步行约 500 米，即到学校。

二、品味福州

1. 感知福州

福州，别称榕城(三山、闽都)，简称榕，位于福建省东部，地处中国东南沿海闽江入海口，与台湾省隔海相望，是福建省省会。福州建城于公元前 202 年，至今已有 2200 多年的历史，是我国最早实行对外开放的沿海城市之一，也是中国历史文化名城之一。

福州境内地势由西北向东南，群山环抱，闽江横贯其中，自古以来被誉为"环山、沃野、派江、吻海"的形胜之地。城内三山鼎峙，两塔耸立，构成"城在山这中，山在城之内"的特殊景观。

福州背山依江面海，气候宜人，属亚热带季风气候，地理环境优越，温泉资源丰富，福州为全国三大温泉区之一，是世界上久负盛誉的温泉名城。福州不仅以温泉集中市区中心为世界各大中城市所罕见，且因泉脉广、水量大、温度高、质量好而驰名遐迩，有"温泉城"之雅称，还有"江南胜地"之美誉。福州市是全国工艺美术的重点产区，数百年来福州工艺品的精美绝伦，倾倒中外游人。其中脱胎漆器、纸伞、牛角梳俗称"福州三宝"，最为稀有的是寿山石雕、软木画。福州马尾是中国近代海军的摇篮，中国船政文化的发祥地；福州曾获"中国优秀旅游城市""国家卫生城市""滨江滨海生态园林城市""国家环保模范城""全国双拥模范城市""国家历史文化名城"和"全国文明城市"等称号。

闽菜常列为国宴之一，福州人的口味偏甜、酸，当地的风味小吃有鱼九、扁肉燕、虾酥、海蛎饼、光饼、鼎边糊、春卷、炒粉、福州线面等数十余种。福州特产主要有橄榄、福桔、龙眼、荔枝、芙蓉李、茉莉花茶、寿山石雕、脱胎漆器、软木画、木雕、纸伞、贝雕、瓷器、牛角梳等。福州主要游览景点有鼓山、乌山、于山、三坊七巷、西禅寺、森林公园、林则徐祠堂、西湖公园、华林寺、青云山、旗山、福州动物园、马尾罗星塔、船政公园等。枝干崎岖的榕树，三坊七巷的石板路，雕花精美的窗棂，凝重朴素的马鞍墙，都是时间为这个城市留下的烙印。走在福州的狭长街道，静静地感受时间在这个城市的流动，那就是一种美的享受。

福州江滨夜景

2. 品味福州

1) 三坊七巷

"三坊七巷"是南后街两旁的十条坊巷的统称，由于朝向不同，所以面朝西边的被称为"三坊"——衣锦坊、文儒坊、光禄坊；面朝东边的被称为"七巷"——杨桥巷、郎官巷、安民巷、黄巷、塔巷、宫巷、吉庇巷。三坊七巷是国家 5A 级旅游景区，是福州老城区经历了新中国成立后的拆迁建设后仅存下来的一部分，是福州的历史之源、文化之根。三坊七巷自晋、唐形成起，便是贵族和士大夫的聚居地，清至民国走向辉煌。区域内现存古民居约有 270 座，其中 159 座被列入保护建筑。以沈葆桢故居、林觉民故居、严复故居等九处典型建筑为代表的三坊七巷古建筑群，被国务院公布为全国重点文物保护单位。三坊七巷是国内现存规模较大、保护较为完整的历史文化街区，是全国为数不多的古建筑遗存之一，有"中国城市里坊制度活化石"和"中国明清建筑博物馆"的美称。2009 年 6 月10 日，三坊七巷历史文化街区获得文化部、国家文物局批准的"中国十大历史文化名街"荣誉称号。三坊七巷是不需要门票的，除非你想要进入那些故居参观。街区里面有许多地道的福州小吃，如肉燕、鼎边糊、肉燕、花生汤等；也有许多现代的餐厅，但是装潢都向当地的古建筑靠拢，所以完全不违和，值得大家周末去好好地领略观赏。

从学校去三坊七巷可在校门口(首山新都会)公交站乘坐 20 路公交车到安泰楼站或东街口站下车，步行前往；或校门口坐 501 路公交车到三叉街换乘地铁 1 号线到南门兜站(A1出口出)或东街口站下车，步行几百米即到。

福州三坊七巷之南后街

福州三坊七巷之郎官巷

2) 西湖公园

福州西湖公园位于福州市区西北部的湖滨路 70 号，有着 1700 多年的历史，是福州保留最完整的一座古典园林，被人称为"福建园林明珠"，名列全国 36 个西湖前茅，有苏州园林的别样风格，又可以观看兔耳岭怪石奇观，是福州市民休闲的最佳去处。福州西湖为晋太康三年(公元 282 年)郡守严高所凿，在唐末就已经是游览胜地；五代时，福州西湖成为闽王王审知次子王延钧的御花园；到宋代更富盛景，宋淳熙年间(1174—1189 年)，南宋宗室、福州知州兼福建抚使赵汝愚在湖上建澄澜阁，并品题"福州西湖八景"：仙桥柳色、大梦松声、古墺斜阳、水晶初月、荷亭唱晚、西禅晓钟、湖心春雨、澄澜曙莺。清道光八年(公元 1828 年)林则徐为湖岸砌石，重新修建；1914 年辟为西湖公园。西湖公园几经扩大，修复及新增的景点有紫薇厅、开化寺、宛在堂、更衣亭、西湖美、诗廊、水榭亭廊、鉴湖亭、湖天竞渡、芳沁园、荷亭、桂斋、盆景园、西湖栈道等。

西湖公园现与左海公园相连通，面积进一步扩大，园内有游船等娱乐设施，适合大家休闲游玩，园内每年都举办菊花展和郁金香花展，吸引大量游客前往观赏；旁边的福建省博物馆也经常举办各类文化艺术活动，还有大梦山的熊猫表演馆也近在咫尺。

从学校去西湖公园在校门口(首山新都会)公交站乘坐 20 路公交车到或屏山站下车，步行前往；或校门口坐 501 路公交车到三叉街换乘地铁 1 号线到屏山站下车，步行几百米即到。

福州西湖公园和省博物馆

福州西湖公园

3）鼓山

鼓山别名"石鼓"，位于福州市晋安区东部，闽江北岸，海拔870米，距离市中心区约八公里，是国家级风景名胜区，也是福州市最著名的风景区之一。据传因山顶有一巨石其形似鼓，每当风雨交加便有簸荡之声，故得名鼓山。山中有十八洞奇景和涌泉寺、千佛陶塔、白云洞等著名景观。这里有独特的南国风光，四季如春，苍松翠柏，奇葩吐红，岩秀谷幽。鼓山名胜众多，涌泉寺位于鼓山山腰，由大雄宝殿、天王殿、法堂、圆通殿、钟楼、鼓楼、藏经阁等构成完整建筑群，是鼓山主体建筑，是初次上鼓山的人必去的景点之一。"涌泉寺"的匾题，是康熙手书，寺院规模宏大，殿堂壮伟，两座精美高大的陶制塔至今已有九百年历史。涌泉寺曾为中国寺院的一所重要经书出版机构，仍保留有明末清初及近代的各种雕版板片两万多块。寺内的藏经殿存有古版印刷的各类佛经 9000 部，计 2.79 多万册；手抄经书 200 多册；用血书写的《大乘般若波罗蜜多》经 657 册。其中引人注目的是 17 世纪鼓山住持道霈和尚的著作《大方广佛华严经疏论纂要》，共有 120 卷，分装 48 册，雕版板片 2425 块。这是清康熙年间有代表性的佛学著作。

鼓山的一大特点是有很多文物价值很高的摩崖题刻，其中不少是历代名人的题刻。据统计，鼓山的摩崖题刻不下 300 余处，其中名列宋代四大书法家的蔡襄在一处壁上刻有"忘归石"三个大字，笔力遒劲，被认为是书法艺术的珍品；南宋著名理学家朱熹在大顶峰磐石上刻有"天风海涛"四个大字，以及刻在"喝水岩"壁上一字径达四米的"寿"字是福建座崖石刻中少见的大字。鼓山刻石上起北宋，下迄清代以至当代，前后延续近千年，内容丰富，字体隶、行、草、楷俱全，是福建古代石刻最多最集中的地点，堪称福州碑林。它对研究中国古代书法艺术的历史和发展具有很高的参考价值。

从山麓廨院登鼓山有三条途径可选：一是从廨院东侧的一条 1954 年修建的盘山公路上鼓山，全程约 8.5 公里，直达涌泉寺前停车场，一般是骑行爱好者和开车人的首选路径；二是在廨院西侧乘坐空中索道(缆车)到达鼓山十八景区，索道长达 1000 多米。选择这条索道上山最便捷快速，无需爬山，但也少了许多乐趣；三是在公路和索道中间有一条石阶古道，道长约 3.5 公里，有 2100 多级台阶，沿途每隔 500 米左右就盖有一亭，供游人登山歇息时用。古道成"之"字形，蜿蜒而上，穿过七座山亭后进山门直达涌泉寺，这是爱好爬山健身的登山者的首选路径。

登上鼓山后，喜欢欣赏古人题刻的就走东路，东路有回龙阁、灵源洞、喝水岩、龙头泉、白猿峡、水云亭、听水斋、甘露松等二十五景。西路则是著名的达摩洞十八景(俗称十八洞)。

福州鼓山索道

4) 福州森林公园

福州森林公园原名树木园(又名福州植物园)，在城区北郊晋安区新店镇福飞路上，距市区七公里，是全国十大森林公园之一。创建于 1960 年 2 月，1988 年经国家林业部批准建立"福州森林公园"，总面积 859 公顷，三面环山，一面临水，是集科研与游览于一体的综合性公园。公园与福州动物园为邻，最高处的笔架山海拔 643 米，整个公园分为中亚热带常绿阔叶林区、南亚热带雨林区、榕树林景观以及山地野生果树资源区和海岸红树林区，还有珍稀植物园、月季山茶园等，已收集培育国内外植物 2500 多种，成为独特的森林博物馆。福州"榕树王"就巍然矗立在园中八一水库之畔。

公园由于地理环境和森林的防护效应，形成了园区内特有的小气候——冬暖夏凉，夏季平均气温比福州市区低 3～5 摄氏度。森林释放出大量的氧气和负氧离子，吸引了众多市民前来感受"森林浴"，被誉为"福州市最大的天然氧吧"，中国林科院江泽慧院长亲切地称之为"福州之肺"。

公园内的竹类观赏园有世界五大风景树种的日本金松、南洋杉、雪松、金钱松、海岸红杉和风靡世界的三大饮料——咖啡、可可和茶树。尤其是那株被誉为中美"友谊使者"的海岸红杉，它是美国总统尼克松先生访华时送给中国国务院总理周恩来的友谊树的第二代。此外公园内还植有世界四大街道树种——悬铃木、榆树、七叶树、椴树和中国传统的十大名花(其中仅山茶花就有 74 个品种)。世界上很多国家的国花，如澳大利亚的鹤望兰、日本的樱花等，也都在这里安家落户。在人文景观区内，始建于宋朝的正心寺为公园增添了佛教文化的气息；公园开辟了天马岭登山道，修复了宋朝晋京古驿道(状元路)，连接公园和北峰旅游区，成为市民登山健身和观光怀古的最佳去处。自 2008 年 10 月起，公园向社会免费开放。

5) 于山

于山，又称九日山，位于福州城区中心鼓楼区东南隅、五一广场北侧。相传因战国时古民族"于越氏"的一支居此而得名。汉代有临川何氏九兄弟在此炼丹修仙，故又名九仙山。闽越王无诸曾于九月九日在这里宴会，因名九日山。"文化大革命"时期曾改名红岩山，1977 年复名于山。于山历史悠久，自然景观和人文景观丰富，是镶嵌在榕城市中心一块璀璨的明珠。

于山有九仙观等 24 景，现存万岁寺、戚公祠、大士殿、定光塔以及自宋至近代的摩崖题刻百余处。碑廊陈列有宋、元、明、清历代碑刻。由五一广场步行上于山文化游览区，上山以后即见树木参天，古榕盘根错节，蔚为壮观。俯瞰福州全景，一览无遗。于山的"定光塔"俗称白塔，始建于唐天祐元年(公元 904 年)，是闽王王审知为报父兄教养之恩而建，塔高 41 米，七层、八角。明嘉靖十三年(公元 1534 年)该塔曾被雷火焚毁，1548 年重修后，外敷白灰，故名为"白塔"。白塔与乌山的乌塔呼应，成为福州地标建筑，是福州"三山两塔一条江"的地理名片之一。

福州于山堂

6) 西禅寺

西禅寺名列福州五大禅林之一，为全国重点寺庙，位于西郊怡山之麓，工业路西边南侧。古刹大门坊柱上镌刻一副楹联："荔树四朝传宋代，钟声千古响唐音。"这是清代周莲撰写的联句，点明"西禅寺"是唐朝的古寺。相传南北朝时炼丹士王霸居此"炼丹成药，点石为丹"，每逢饥岁，便靠卖药卖金换米救济穷苦百姓。后来王霸"服药仙蜕"，人们便在他的故居建寺。隋末废圮，唐咸通八年重建，定名为"清禅寺"，后改"延寿寺""怡山西禅长庆寺"，俗称"西禅寺"。寺内有天王殿、大雄宝殿法堂、藏经阁、玉佛楼及客堂、禅堂、方丈室等大小建筑38座，占地7.7公顷，还有唐七星井《唐福州延寿禅院故延圣大师塔内真身记》碑、五代慧棱禅师舍利塔、清康熙御笔《药师经》、清代壁画等。西禅寺在海外久负盛名，海外廨院如新加坡的双林寺、马来西亚槟城的双庆寺、越南的普陀寺等，至今与西禅寺仍有密切的联系。寺内玉佛楼，专奉海外侨胞捐赠的两尊玉雕佛像。一尊是坐佛，高2.3米，为释迦牟尼的坐像；另一尊是卧佛，身长4米，重10吨，为释迦牟尼的卧像，是玉佛之一。观音阁内供千手千眼观世音，用29吨黄铜铸成。

福州西禅寺内的宋朝荔枝树

福州西禅寺内景

7) 福道

福道，即福州城市森林步道，采用全国首创钢架镂空设计，主体采用空心钢管桁架组成，其钢架镂空的桥面随地势起伏，在不妨碍植被生长的同时，让市民获得在林间穿梭漫步的体验。桥面采用格栅板，缝隙在 1.5 厘米以内，既可满足轮椅通行，也给步道下方的植物最大限度的生长空间。主轴线长 6.3 公里，环线总长约 19 公里，福道东北接左海公园，西南连闽江廊线，中间沿着金牛山山脊线，贯穿左海公园、梅峰山地公园、金牛山体育公园、国光公园和金牛山公园，是福州市首条城市山水生态休闲健身走廊。

福道设计在环线悬空栈道上，有增设景观电梯进行接驳，以缩短绕行时间。同时，为确保游客能快速便捷地往返，福道着重考虑将悬空栈道、登山步道和车行道三个对接形成环形系统。在设计上，步道珍珠般地串联起十几处自然人文景观，如杜鹃谷、樱花园、紫竹林、摩崖壁、兰花溪等，除了满足市民休闲健身的需求，也是览城观景的好去处。

福道之空中步行道

福道一路风景如画，是咱们福州人的小骄傲，是全国出名、网红的独特旅游景点之一，不仅被央视点名表扬，还获得 2017 年国际建筑大奖、2018 年新加坡总统设计奖等多项国际大奖，正所谓"空中步行道，人在画中游"，一定要赶紧去打卡看看。

福州这几年大力加强城市公园、休闲步道等项目建设，除了福道，还有金鸡山栈道、大腹山休闲步道、郊野公园、高盖山步道公园、飞凤山体育公园、牛岗山公园、江滨公园等，都是大家周末休闲的好去处。

福道风景如画

8) 马尾船政文化主题公园

马尾船政文化主题公园位于福州市马尾区，是我国第一个以船政文化旅游为主题的主题公园，为全国最大的船政文化基地和福州市爱国主义教育基地。

马尾船政文化主题公园以罗星塔和马限山两公园为基础，由"两园两馆一船坞"组成，即罗星塔公园、马限山公园、马江海战纪念馆、中国近代海军博物馆和一号船坞遗址等景点，还有船政创始人左宗棠、船政大臣沈葆桢的雕塑，造船浮雕，展现邓世昌、严复、詹天佑等船政群贤的石雕等。公园占地 7.9 公顷，共设景点 36 个。马尾船政文化主题公园内不但有中坡炮台、昭忠祠、马江海战烈士墓、圣教医院、英国分领事馆等大量船政相关古迹，还有新建成的大型船政群雕、船政精英馆等。中国船政文化博物馆是中国第一个以船政为主题的博物馆，通过大量船政文物、历史照片、图表、壁雕等，立体地展现了中国船政的诞生、发展与以"精忠报国、自强不息"为主旨的船政文化。有位史学家说，读懂了"船政"二字，就读懂了中国近代史。来到福州马尾，踏访过船政文化的遗存，你一定会对近代史更多一份厚重的了解和感触。

马尾是中国船政文化的发祥地和近代海军的摇篮，在中国近代史上有着深远的影响。1866 年(清同治五年)，闽浙总督左宗棠创办了马尾船政学堂，轰轰烈烈地开展了建船厂、造兵舰、制飞机、办学堂、引人才、派学童出洋留学等一系列"富国强兵"活动，培养和造就了一批优秀的中国近代工业技术人才和杰出的海军将士。马尾船政学堂是中国第一所近代海军学校，初建时称为"求是堂艺局"，为求人才沈葆桢主持了求是堂艺局的首次录取考试，亲自为考试制定、批阅试卷，求是堂艺局首次录取考试的第一名考生就是后来成为北洋水师学堂教习的严复。1867年造船厂建成后搬迁至马尾遂改名为船政学堂，分为前后两学堂。前学堂为制造学堂，又称"法语学堂"，目的是培育船舶制造和设计人才，主课为造船专业，开设有法语、基础数学、解析几何、微积分、物理、机械学、船体制造、蒸汽机制造等课程。优等生后被派往法国学习深造。后学堂为驾驶学堂，亦称"英语学堂"，旨在培养海上航行驾驶人员和海军船长，主要专业为驾驶专业，后来增设了轮机专业。开设有英语、地理、航海天文、航海理论学等课程，学习优异者选送英国留学。学生称为艺童，堂长称为监督。同年为了培养工程绘图人才，在前学堂内又附设了绘事院。1868年沈葆桢为了培养技术工人，又在前学堂内增设一所技工学校——艺圃，艺圃的艺徒半天上课半天实习，学习期限3年，毕业后择其优者随前学堂学生赴法国各大船厂实习，其余分配于船政各厂。

马尾船政主题公园

马尾船政学堂在150多年前建立，是中国最早从事职业教育的学校，因为它率先实行了具有职业技术教育特色的办学理念、办学模式、专业设置、教学方法、课程体系和管理制度，而且又与经济、教育的现代化相适应。船政学堂的学风极为严谨，在教学中十分注重理论联系实际，前学堂的学生到各船厂实习，而后学堂的学生则上练船实习，船政为此专门制造和购买了数艘练船。1871年船政学生(其中包括刘步蟾、严复、方伯谦、林泰曾等)驾驶练船"建威"完成了北起辽东南至新加坡的远洋训练。1877年船政首次派出留学生赴英、法等国学习。在沈葆桢的苦心孤诣下，船政学堂培养出了中国的第一批近代海军军官和第一批工程技术人才。从船政毕业的学生成为了中国近代海军和近代工业的骨干中坚，他们曾先后活跃在近代中国的军事、文化、科技、外交、经济等各个领域，紧跟当时世界先进国家的步伐，推动了中国造船、电灯、电信、铁路交通、飞机制造等近代工业的诞生与发展。

林则徐、严复、詹天佑、邓世昌等一代民族精英和爱国志士们第一次让世界了解了福州人的骨气、智慧和力量，展现了近代中国先进科技、高等教育、工业制造、西方经典文化翻译传播等丰硕成果，孕育了诸多仁人志士及其先进思想，折射出中华民族特有的砺志进取、虚心好学、博采众长、勇于创新、忠心报国的传统文化神韵，为此，我们将之称为"船政文化"。它是中华民族世代相传的精神瑰宝。

福州历史文化底蕴深厚，近些年政府又大力加强城市生态环境文化建设，因此，除了上述市区的历史文化古迹与公园外，还有花海公园、高盖山公园、大腹山步道公园、金鸡山公园、郊野公园，以及永泰的云顶、平潭的石牌洋等都是周末休闲旅游的好去处。

中国船政文化博物馆

平潭的石牌洋

9) 福州花海公园

花海公园位于南江滨东大道，东起魁岐大桥会展岛沿江地块，横穿鼓山大桥桥底，西至鳌峰大桥，全长约 4550 米，占地面积近 1000 亩，是一座集生态、休闲、科普为一体的开放性公园，这里一年四季都有不同的花朵开放，令人流连忘返，该公园不但集休闲、观赏、生态、健身于一体，而且也成了摄影爱好者的好去处。

福州花海公园

10) 中国(永泰)云顶

云顶风景区位于福州市永泰县境内的青云山之巅，平均海拔 1000 米以上，总面积 36 平方公里，分云中梯田、云顶火山天池、云外七星、云中峡谷、瀑布、高山花海梯田、QQ 蛋居、草皮酒店等景区以及云顶休闲度假区等部分，集观光休闲、度假养生、求知探险、科普教育为一体。

云顶天池草甸

云顶 QQ 蛋居

第二篇

生活篇

本篇导航

◆ 跨入商贸学校的大门，你就是我们这个温暖大家庭的一员了，接下来你需要办理哪些手续呢？

◆ 国防教育社会实践，是你一生难忘的经历。做一个有灵魂、有本事、有血性、有品德的中国人。

◆ 你还在为你的学费、生活费发愁吗？全面建设小康社会的路上一个也不能落下，国家助学金和资助政策帮你忙。

◆ 无论你在哪里，你的安全平安是所有关心你、爱你的人的共同牵挂。安全知识一定要知道。

◆ 改变你能改变的，适应你不能改变的。

本篇重点介绍新生入学手续办理，国家助学金与资助政策，国防教育社会实践基本要求，学校日常生活安全常识以及文明班级和文明宿舍相关要求，帮助学生了解入学手续的办理与国家的资助政策，增强国防意识，掌握安全基本知识，养成良好的安全生活行为习惯，热爱班集体，与宿舍同学友好相处，积极融入集体生活，提升自己独立生活的能力，为今后顺利走上社会打下良好的基础。

主要内容: 新生入学手续办理与体检

国防教育社会实践活动

国家助学金与资助政策

日常安全知识与应对

文明班级评比

宿舍 7S 管理要求与文明宿舍评比

第一节　新生入学指南

中职是一个新的起点，也是莘莘学子人生的一大转折点，它为同学们提供了一个不断提升自身综合素质、顺利实现从学校到社会转型的平台。每个新生都对自己的未来充满憧憬与期待。本节帮助同学们更快地全面了解学校，顺利地办理入学手续，尽快转变角色，适应学校生活。

一、入学手续办理

学生报到当天，学校设立一站式服务中心，分别负责：班级报到、招生就业咨询、学籍办理、宿舍安排、校园一卡通办理、学生管理(含走读审批)、财务收费、专业咨询、资助政策咨询等，各业务窗口办理相应入学注册业务。新生入学报到流程如下。

(1) 新生持福建商贸学校《录取通知书》，先到所分配的专业班级找班主任进行注册(如有调整专业等，请先到一站式招生就业办窗口办理专业调整确认手续)，然后领取新生注册单，明确缴费项目与金额，并填写学生基本信息；

(2) 凭新生注册单到一站式学生管理窗口办理走读审批手续；

(3) 凭新生注册单到一站式财务收费窗口缴费；

(4) 到一站式学籍办理窗口提交相关学籍登记资料(如身份证复印件、户口簿复印件等)；

(5) 到一站式校园一卡通办理窗口办理校园一卡通；

(6) 到一站式学生管理(住宿安排)窗口办理自己具体的住宿宿舍(走读学生免办理)；

(7) 根据需要到一站式学生管理(资助咨询)窗口咨询了解国家相关资助政策及资助相关业务的办理流程；

(8) 在志愿者带领下到宿舍正式入住；

(9) 将新生注册单提交班主任，完成整个入学注册流程。

新生报到期间如果遇到问题与困难，请及时与一站式咨询窗口工作人员或班主任联系解决。

各位同学，你现在已经完成由初中生向中职学生的角色转变，即将开始接受职业教育，向准职业人转变，因此，在办理入学注册手续、行李搬运、住宿安排、宿舍房间整理等工作时，应尽可能自己动手完成，培养独立自理的生活能力。并在所有注册报到手续办理完成后，及时向家里亲人报一声平安，或向陪同送行来的家长道别并表示感谢。

如果有些新同学有特殊原因无法按时到校报到注册的，应持相关证明向学校申请办理请假手续，一般情况下请假时间不能超过两周。根据学籍管理规定，未请假或请假逾期超过两周不报到者，除不可抗力等正当事由外，将取消入学资格。

二、入学体检与体测

1. 体检

学校十分关心每一位同学的健康，为让同学们顺利适应新的生活和学习环境，学校建立了新生入学体检制度。学校会在新生入学注册手续都办理妥当后及时组织同学们参加体检复查。体检对每个人来说都是很重要的，希望大家要重视，按照学校规定的时间进行体检复查，正确了解自己的身体健康状况。体检合格予以注册，即取得学籍。

体检注意事项如下：

(1) 体检前几日应清淡饮食，避免剧烈运动，注意休息。

(2) 视力异常者请佩戴眼镜，测血压前安静休息至少 5 分钟。

(3) 建议左臂抽血，右臂测血压。抽血后请按压针眼稍上方 5～10 分钟。

(4) 女生不宜穿连衣裙及戴金属饰品，不穿含金属内衣。

(5) 体检期间请服从工作人员引导，保管好私人贵重物品。

如果体检复查被确定为不合格的，学校将视具体情况处理。假如某位同学被查出患有某种传染性疾病需隔离治疗的，则应办理休学手续，以对自己对社会负责。

2. 体测

根据国家学生体质健康标准及相关制度，为了了解新同学的身体素质情况，学校将对新入学同学开展身体素质健康测试，简称体测。体测项目主要有 50 米，男生 1000 米、女生 800 米，男生引体向上、女生仰卧起坐，坐位体前屈，立定跳远等，同学们应按照学校安排的体测时间开展整班测试。体测前，同学们应注意保持良好的睡眠和体力的积蓄；测试时应提前做好准备活动，穿适宜运动的衣裤鞋，防止意外事故的发生；长跑完后，切忌立刻蹲下，最好绕操场慢走一圈，待平静下来后再坐下休息。

三、国防教育社会实践

1. 国防教育的目的、意义

国家的安危关系到每一个公民的生存与安宁。国防教育能增强公民的国防观念、掌握基本的国防知识、树立爱国情感和强化公民的国家安全意识。

国防教育社会实践是新生入学的必修课，在这一课中，将教同学们怎样做人，怎样吃苦耐劳，怎样迎接挑战，怎样把握自由与纪律的尺度。国防教育是人生的另一个课堂，是又一次起跑。同学们要正确认识国防教育，克服困难，积极参加国防教育社会实践活动，努力上好这人生的重要一课，扣好人生的第一粒扣子。通过国防教育，不仅可以强身健体、锻炼意志，学到基本的军事知识和技能，培养严明的组织纪律和吃苦耐劳、团结拼搏、敢于进取、永不言败的军人精神；规范同学们的日常行为，加强同学们的组织纪律，提升同学们的意志品质；还可以学会整理内务、料理自己，学会独立生存，学会把自己融入集体，养成令行禁止、步调一致的作风和集体荣誉感，为今后三年的中职学习和生活打下坚实的思想基础，更好地实现自己的人生理想与价值。国防教育经历是你人生的一笔巨大精神财富，它将深深地刻进你的成长记忆中。

国防教育社会实践是同学们学习军队优良传统、培养艰苦奋斗精神的极好机会，也是同学们磨炼意志、提高修养、增强体质的实践课堂。它将让同学们获取在教室里无法获取的知识，充分体验火热军营带给我们的酸甜苦辣，它不仅仅是对同学们身体素质的考验、意志的锤炼、品格的培养，更是心灵的净化、情感的熏陶、精神与人格的升华，将有利于培养同学们无私奉献、积极进取、奋发向上的高尚情操，有利于培养同学们艰苦奋斗、吃苦耐劳的作风，有利于提高同学们的组织性、纪律性，有利于增强同学们的国防观念和增强战胜困难的信心和勇气，为将来的事业发展打下坚实的基础。

学生国防教育

学生练习军体拳

2. 国防教育社会实践须知

(1) 国防教育社会实践地址位于福建龙翔国防教育基地。基地坐落于福建省福清市宏路镇，占地 800 余亩，2012 年经省政府批准成为第二批福建省国防教育基地，2015 年入选第三批国家国防教育示范基地。基地本着弘扬爱国主义精神，践行社会主义核心价值观的宗旨，以国防教育为主题，以现代武器军事装备及航天航海科普为载体，把教育功能和参与实践体验相结合，突出亲身体验感受，倡导爱党爱国理念，实现国防教育的目的。学生在这里不再受说教式国防教育，通过一桩桩他们亲自参与的活动，广大学生的安危意识、国防意识、自我生活生存能力在潜移默化中增强了。国防教育实践活动点燃了学生的爱国主义热情，丰富了他们的阅历，使国防意识植根在学生心中。

(2) 国防教育社会实践时间：一般约 10 天。

(3) 国防教育社会实践内容：队列训练(是国防教育的重头戏)、军体拳、野外拉练、拉歌、口号训练、手语操、成人礼、战术训练、素质拓展、国防装备参观等。

(4) 必带物品：

① 寝室用品：、防滑拖鞋、水桶、衣架、夏季必须带毛巾被；

② 洗漱物品：毛巾、浴巾、牙具、牙膏、洗发水、沐浴露等；

③ 常用必备药品，如感冒药、腹泻药、胃药、防暑及消炎药、创可贴等(根据自身情况准备)；

④ 服装类：校服、换洗内衣、睡衣、棉质背心、防滑运动鞋(鞋子一定要合脚，不然训练时脚很容易起水泡)、袜子(最好是透气吸汗的)、太阳帽等；

⑤ 文具类：日记本、笔 ；

⑥ 餐具类：带盖水杯；

⑦ 其他：防蚊水、纸巾、皮筋、发卡、梳子、雨具等。

(5) 禁带物品：

① 禁止携带贵重物品，如手提电脑、数码相机、手机、iPad 等；

② 禁止佩戴项链等任何饰品；

③ 禁止携带充电器、电吹风、打火机、蚊香等易燃易爆危险品；

④ 禁止携带酒精类饮料、熟食和其他不宜存放的零食。

(6) 安全管理规定：

① 服从基地老师和教官的安排，听从指挥，遵守各项规章制度；

② 注意节约粮食、水电，爱护基地的一切公共设施和绿化植物；

③ 不准爬树；

④ 不准擅自离开基地到外面活动，不准擅自进入丛林区，以免发生事故；

⑤ 人人必须做好防火工作，易燃、易爆、剧毒物品和凶器，一律禁止带进基地，不准私接电源，以防危险事故发生；

⑥ 禁止在楼上栏杆上坐、立，不准向楼下倒水或丢杂物；

⑦ 遵守作息制度，中午、晚上必须休息，不能影响他人；晚休前各室室长必须检查人数，如人数未齐，应立即报告教官查找；

⑧ 严禁男女生互相串门；

⑨ 军训最后一天学生收拾个人行李和搞好宿舍卫生，退宿时宿舍管理员检查宿舍。基地公物如有丢失、损坏，应照价赔偿；

⑩ 男同学留平头，女同学的刘海不能过眉，长发必须扎起，不能披头散发。

(7) 注意事项：

① 做好出发前的准备工作，通知学生穿着舒服、防滑的户外运动鞋，提醒学生要正确剪指甲，以免训练时发生甲沟炎；

② 注意补充水分：带好密封水杯，及时补充矿泉水、茶水、盐水及运动饮料等；

③ 保证饮食，补充营养：国防教育训练体力消耗大，加上天气炎热，很多同学胃口不好。但每天一定要保证足够的饮食，多吃些肉、蛋和水果，及时补充营养和各种维生素。

④ 注意防晒，谨防中暑：适当多涂些防晒霜，训练中坚持戴帽子，注意不要在烈日下暴晒，只要教官让你休息就要抓紧时间休息，谨防中暑，如有中暑的先兆症状时，建议及时休息处理；

⑤ 预防生病：每天训练完大汗淋漓时，不要贪图一时舒服马上去冲冷水澡，这样容易引起发烧等疾病；如有肠胃等身体轻微不适症状，应及时就诊校医，以免生病。有些体质较差的同学，训练中如果无法坚持，就要报告申请休息，不要硬撑，以防发生意外；

⑥ 注意防滑：卫生间、洗澡间地板水浸湿后很容易滑倒，一定要小心行走，注意安全；

⑦ 按时作息：按基地规定时间作息，养精蓄锐，为下一天的训练储备体能；

⑧ 加强沟通，避免误解：在国防教育实践中，要深入体验集体生活，要学会与教官、带队老师(班主任)、同学做好沟通工作，避免因细小琐事产生误解。训练或生活中遇到困难要虚心向教官、老师和同学请求帮助，大家都会伸出热情友谊的双手帮助你；

⑨ 患有心脏疾病、高血压、哮喘、传染病处于病发期的同学不得参加训练，要及时向教官、老师报告。

(8) 学校带队老师(班主任)注意事项：

① 带队老师(班主任)要摸清学生的病史，及时反馈给教官，以防训练中出现由于学生个人身体素质原因，造成不必要的伤害；

② 带队老师(班主任)要坚持跟班跟训，及时掌握所属学生训练期间的思想、身体等状况的变化，防止学生因身体吃不消而在训练场勉强坚持，导致不必要的事故发生；

③ 带队老师(班主任)每天晚上要坚持查铺，帮助学生把被子拉开，并教育提醒学生晚上睡觉要盖好被子，以防受凉，否则第二天发热、肚子痛或拉肚子，影响白天的训练；

④　教育学生保管好个人带来的东西，如有贵重物品请交给带队老师(班主任)集中管理，以免出现失窃现象，造成不必要的损失；

⑤　要加强纪律教育，防止学生与学生在军训期间因琐碎小事而发生口角或摩擦，导致打架或意想不到的事故发生。

以下是学生进行国防教育及素质拓展的一些画面。

晨练

枪械训练

军姿训练

素质拓展一

素质拓展二

素质拓展三

参观国防教育基础设施

野外拉练

拉练集合

四、国家助学金与资助政策

为了贯彻落实《福建省财政厅 福建省教育厅 福建省人力资源和社会保障厅 福建省物价局关于实施免费中等职业教育进一步完善国家助学金制度的意见》(闽财教〔2012〕135 号)精神,进一步加强中等职业学校国家助学金管理,确保助学金政策顺利实施,根据《财政部 教育部 人力资源和社会保障部关于印发〈中等职业学校国家助学金管理办法〉的通知》(财教〔2012〕110 号),省财政厅、教育厅、人力资源和社会保障厅制定了

《福建省中等职业学校国家助学金管理办法》，对国家助学金的发放、管理等做了详细规定，学校严格落实助学金管理办法的相关要求，开通绿色通道，做好家庭经济困难学生的资助工作。

1. 福建商贸学校学生申请国家助学金指南

根据《福建省中等职业学校国家助学金管理办法》闽财教【2013】85 号文件要求，我校全日制正式学籍一、二年级涉农专业学生及连片特困地区学生和非涉农专业家庭经济困难学生，可享受国家助学金。国家助学金按学期申请和评定流程如下：

(1) 学生应在入学前办理好身份证；

(2) 学生填写《中等职业学校国家助学金申请表》，申请表见表 1。并按家庭经济困难情形备好相应的材料，在新学年开学两周内向校资助办提交；

(3) 学校受理学生申请并组织初审；

(4) 省学生资助管理中心审批，并将拟资助学生名单在福建省学生资助网及校内进行不少于五个工作日的公示；

(5) 家庭经济困难学生按在校生人数的 10%，并按以下顺序确定(含相应的证明材料要求)：

① 城乡低保家庭学生(需提交经县(区)级以上民政部门当年审验的低保证明原件及复印件和户口本原件及复印件)；

② 残疾学生(需持有本人残疾证原件及复印件)；

③ 孤儿、烈士子女、优抚家庭子女及其他无直接经济来源学生(需提交县(区)级民政部门出具的证明原件和户口本原件及复印件)；

④ 下岗职工且家庭无固定经济来源学生(需提交失业证原件及复印件、户口本原件及复印件)；

⑤ 被地方政府列为特困户家庭子女(需提交户口本原件及复印件)；

⑥ 学生家庭或本人突遭不幸(如家庭遭遇自然灾害、学生本人突发疾病或意外事故)(需提交户口本原件及复印件、学生本人突发疾病或意外事故相关证明)；

⑦ 单亲经济困难家庭子女或家庭缺乏劳动力、无固定经济来源学生(需提交户口本原件及复印件)；

⑧ 农村二女结扎户经济困难家庭子女；

⑨ 其他家庭经济困难学生。

(6) 学校或学生资助管理机构为每位受助学生办理中职学生资助卡，由省学生资助管理中心将助学金直接发放到受助学生资助卡中，学生凭本人身份证、学生证至办卡银行激活资助卡，方可取款。发卡银行不得向学生收取制卡工本费、管理费或押金等费用，也不得从学生享受的国家助学金中抵扣。

表1 福建省中等职业学校国家助学金申请表

学校名称：_____

<table>
<tr>
<td rowspan="8">学生基本情况</td>
<td colspan="2">姓 名</td>
<td></td>
<td>性别</td>
<td></td>
<td rowspan="4">1寸学生照片</td>
</tr>
<tr>
<td colspan="2">出生年月</td>
<td></td>
<td>籍贯</td>
<td></td>
</tr>
<tr>
<td colspan="2">身份证号码</td>
<td colspan="3"></td>
</tr>
<tr>
<td colspan="2">家庭地址</td>
<td colspan="3"></td>
</tr>
<tr>
<td colspan="2">户籍所在地</td>
<td colspan="2">□ 农村　　□ 县镇
□ 县城　　□ 城市</td>
<td>主要收入来源</td>
<td></td>
</tr>
<tr>
<td colspan="2">家庭人口总数</td>
<td></td>
<td>家庭年收入</td>
<td></td>
<td>人均年收入</td>
</tr>
<tr>
<td colspan="2">入学时间</td>
<td></td>
<td>专业</td>
<td>□ 涉农专业
□ 非涉农专业</td>
<td>年级班级</td>
</tr>
<tr>
<td colspan="6"></td>
</tr>
<tr>
<td>学生申请理由</td>
<td colspan="6">班级：　　　　学生签字：　　　　　　____年____月____日
注：需附县(区)级民政等相关部门或乡镇(街道)证明材料。</td>
</tr>
<tr>
<td>民主评议</td>
<td>班级评议情况</td>
<td colspan="2">□ 同意作为助学金对象

□ 不同意作为助学金对象</td>
<td colspan="3">班级意见

班主任签字：____年____月____日</td>
</tr>
<tr>
<td>认定决定</td>
<td>学校学生资助管理机构意见</td>
<td colspan="2">经班级推荐、班主任审核：
□ 拟同意认定为助学金对象。
□ 不同意认定为助学金对象。

资助机构负责人签字：
　　年____月____日
(加盖机构公章)</td>
<td>学校学生资助工作领导小组意见</td>
<td colspan="2">根据学生资助管理机构认定意见和校内公示结果，经领导小组研究：
□ 同意认定为助学金对象。
□ 不同意认定为助学金对象。

领导小组负责人签字：
　　年____月____日
(加盖学校公章)</td>
</tr>
</table>

2. 福建商贸学校学生国家助学金申请发放流程

学校国家助学金申请发放流程见下面流程图所示。

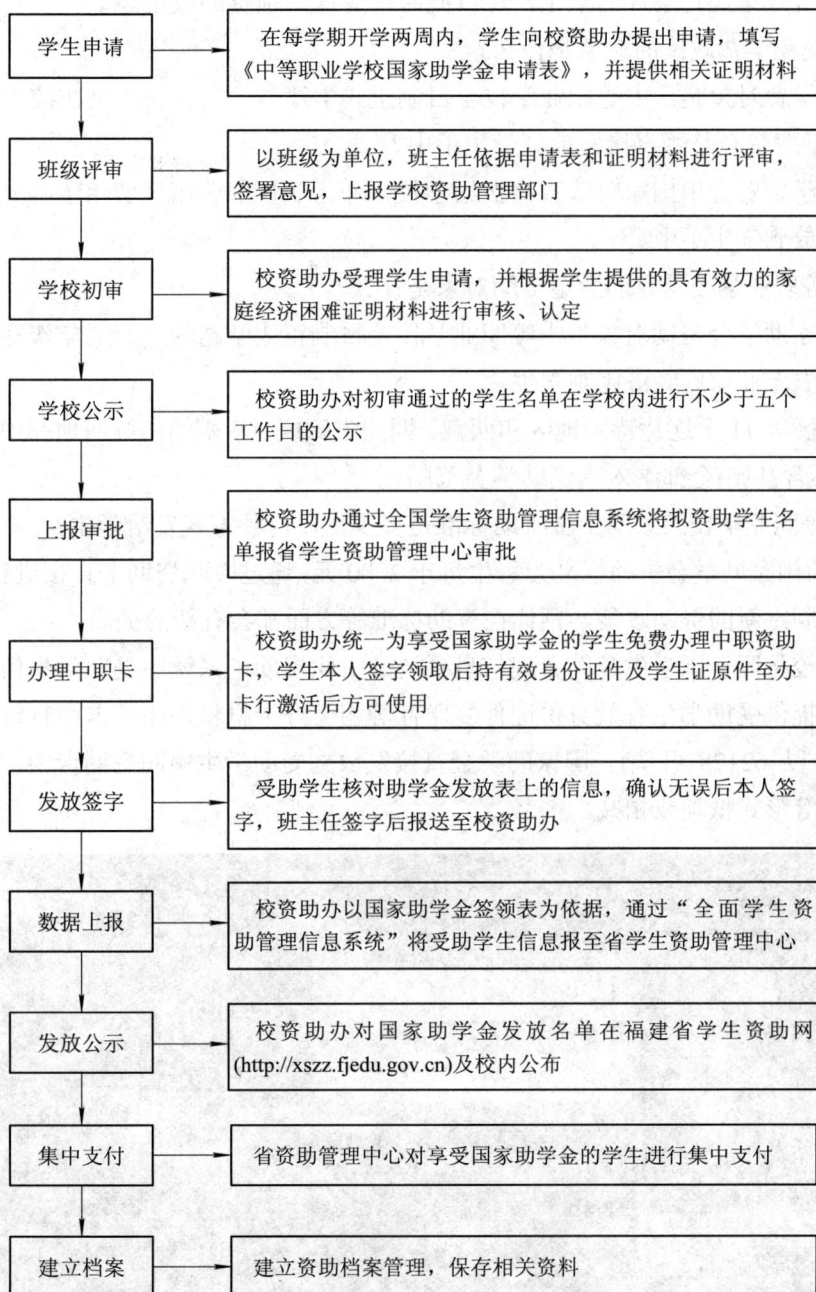

流程	说明
学生申请	在每学期开学两周内，学生向校资助办提出申请，填写《中等职业学校国家助学金申请表》，并提供相关证明材料
班级评审	以班级为单位，班主任依据申请表和证明材料进行评审，签署意见，上报学校资助管理部门
学校初审	校资助办受理学生申请，并根据学生提供的具有效力的家庭经济困难证明材料进行审核、认定
学校公示	校资助办对初审通过的学生名单在学校内进行不少于五个工作日的公示
上报审批	校资助办通过全国学生资助管理信息系统将拟资助学生名单报省学生资助管理中心审批
办理中职卡	校资助办统一为享受国家助学金的学生免费办理中职资助卡，学生本人签字领取后持有效身份证件及学生证原件至办卡行激活后方可使用
发放签字	受助学生核对助学金发放表上的信息，确认无误后本人签字，班主任签字后报送至校资助办
数据上报	校资助办以国家助学金签领表为依据，通过"全面学生资助管理信息系统"将受助学生信息报至省学生资助管理中心
发放公示	校资助办对国家助学金发放名单在福建省学生资助网(http://xszz.fjedu.gov.cn)及校内公布
集中支付	省资助管理中心对享受国家助学金的学生进行集中支付
建立档案	建立资助档案管理，保存相关资料

3. 中职资助政策问答

(1) 中等职业学校学生资助政策具体内容有哪些？

答：在中等职业教育阶段，建立了以国家免学费、国家助学金为主，学校奖学金和顶岗实习及社会资助等为补充的学生资助制度。

(2) 享受"免学费"政策的学生能否同时享受"国家助学金"政策？

答：符合政策规定条件的学生，可以同时享受这两项资助政策。

(3) 享受免学费政策的对象是什么？

答：免学费对象是：中等职业学校全日制正式学籍一、二、三年级在校生。

(4) 免学费资金是否直接发放到学生手中？

答：免学费资金由国家财政直接拨给学校，作为学校的公用经费用于补充教育经费之不足，不发放到学生手中。

(5) 中等职业学校国家助学金资助对象是什么？

答：国家助学金资助对象是中等职业学校全日制正式学籍的一、二年级在校涉农专业学生和非涉农专业家庭经济困难学生。

六盘山区等 11 个连片特困地区和西藏、四川省藏区、新疆的南疆四地州中等职业学校农村学生(不含县城)全部纳入享受助学金范围。

(6) 中等职业学校国家助学金资助标准是多少，以何种方式发给学生？

答：目前国家助学金资助标准为每生每年 2000 元，通过中职资助卡直接进行发放。2019 年国家已在制定新的资助政策，预计在资助标准等方面都会有新的提高。

中职学校按照全国学生资助管理信息系统的中职资助子系统中受助学生信息，向所在地开卡银行提供受助学生有效身份证件复印件等相关办卡材料，由开卡银行统一办理中职资助卡(卡号以 62128 开头)。国家助学金直接发放到受助学生中职资助卡中，一律不得以实物或服务等形式抵顶或扣减。

国家资助政策宣讲

4．中等职业学校国家奖学金制度(教育部、人力资源社会保障部、财政部)

教育部 人力资源社会保障部 财政部关于印发
《中等职业教育国家奖学金评审暂行办法》的通知
教财函〔2019〕104 号

各省、自治区、直辖市、计划单列市教育厅(教委、教育局)、人力资源社会保障厅(局)、财政厅(局)、新疆生产建设兵团教育局、人力资源社会保障局、财政局：

为贯彻落实 2019 年政府工作报告及《财政部 教育部关于调整职业院校奖助学金政策的通知》(财教〔2019〕25 号)等要求，做好中等职业教育国家奖学金评审工作，教育部、人力资源社会保障部、财政部制定了《中等职业教育国家奖学金评审暂行办法》，现予印发，请遵照执行。

教 育 部 人力资源社会保障部 财 政 部
2019 年 9 月 18 日

附件 1

中等职业教育国家奖学金评审暂行办法

第一章 总则

第一条 为规范中等职业教育国家奖学金(以下简称中职国家奖学金)评审工作，保证评审工作公正、公平、公开，制定本办法。

第二条 中职国家奖学金由中央财政出资设立，用于奖励中等职业学校(含技工学校，下同)全日制在校生中特别优秀的学生。每年奖励 2 万名学生，奖励标准为每生每年 6000 元。

第三条 中职国家奖学金每学年评审一次，实行等额评审。

第四条 全国学生资助管理中心会同全国技工院校学生资助管理工作办公室，根据中等职业学校全日制在校生数等因素，提出中职国家奖学金名额分配建议方案，报教育部、人力资源社会保障部、财政部同意后，联合下达中职国家奖学金名额，并组织实施中职国家奖学金评审工作。

第五条 各省(自治区、直辖市)、各计划单列市、新疆生产建设兵团在根据中等职业学校全日制在校生数等因素分配国家奖学金名额时，应当对办学水平较高的学校和以农林、地质、矿产、水利、养老、家政等专业和现代农业、先进制造业、现代服务业、战略性新兴产业等人才紧缺专业为主的学校，予以适当倾斜。

第二章 评审机构与职责

第六条 教育部、人力资源社会保障部、财政部成立中职国家奖学金评审领导小组，设立评审委员会。

第七条　评审领导小组由教育部、人力资源社会保障部、财政部有关负责人组成，全面领导评审工作，研究决定有关评审工作的重大事项，负责聘请评审委员会组成人员，批准评审委员会提交的中职国家奖学金评审意见。

第八条　评审委员会由具有代表性的领导、专家学者和教师代表组成，负责组织评审工作，向评审领导小组提出中职国家奖学金评审意见。根据评审工作需要，评审委员会可下设若干评审小组，具体负责评审工作。

第三章　评审程序与要求

第九条　中等职业学校具体负责组织中职国家奖学金申请受理、评审等工作，提出本校当年中职国家奖学金获奖学生建议名单，在校内进行不少于 5 个工作日的公示。

公示无异议后，每年 10 月 31 日前，中等职业学校将评审结果按照程序分别报送省级教育行政、人力资源社会保障部门。

第十条　各省(自治区、直辖市)、各计划单列市、新疆生产建设兵团教育行政部门联合人力资源社会保障部门组织开展评审工作，并于 11 月 10 日前将评审材料统一报送教育部。

第十一条　中职国家奖学金评审委员会评审程序：

(一) 召开预备会。评审委员会召开预备会，提出评审工作要求。

(二) 开展评审工作。评审委员会组织评审小组对上报的评审材料进行书面审查，提出评审意见。

(三) 形成评审报告。评审小组完成评审工作后，由评审委员会汇总各评审小组的评审意见，形成评审报告。

(四) 审定评审报告。评审报告经评审委员会主任签字同意，报评审领导小组审定。

第十二条　评审领导小组审定同意后，由教育部和人力资源社会保障部公告获奖学生名单。

第十三条　中职国家奖学金评审要求：

(一) 材料的完整性。主要是指上报材料是否及时、齐全、完备。

(二) 程序的规范性。主要是指中职国家奖学金评审工作是否符合规定程序。

(三) 条件的相符性。主要是指入选学生的综合表现是否符合申请条件。

第四章　申请条件

第十四条　申请中职国家奖学金的基本条件：

(一) 具有中华人民共和国国籍；

(二) 热爱社会主义祖国，拥护中国共产党的领导；

(三) 遵守法律法规，遵守《中等职业学校学生公约》，遵守学校规章制度；

(四) 诚实守信，道德品质优良；

(五) 在校期间学习成绩、道德风尚、专业技能、社会实践、创新能力、综合素质等方面表现特别优秀。

第十五条　在符合基本条件前提下，申请人还应满足以下具体条件：

（一）年级要求：全日制二年级及以上学生可以申请中职国家奖学金。

（二）成绩表现等要求：学习成绩排名位于年级同一专业前 5%(含 5%)的学生可以申请中职国家奖学金。学习成绩排名位于年级同一专业排名未进入 5%，但达到前 30%(含 30%)且在道德风尚、专业技能、社会实践、创新能力、综合素质等方面表现特别突出的，可以申请中职国家奖学金，同时需要提交详细的证明材料。证明材料须由学校审核后加盖学校公章。学习成绩排名未进入 30%的，不具备申请资格。

"表现特别突出"主要是指：

1. 在社会主义精神文明建设中表现突出，具有见义勇为、助人为乐、奉献爱心、服务社会、自立自强等实际行动，在本校、本地区产生重大影响，在全国产生较大影响，有助于树立良好的社会风尚。

2. 在职业技能竞赛或专业技能竞赛方面取得显著成绩。在世界技能大赛取得优胜奖以上和入围世界技能大赛中国集训队及国际性职业技能竞赛获前 8 名，在中国技能大赛等全国性或省级职业技能竞赛获得优秀名次(一类职业技能大赛前 20 名、二类职业技能竞赛前 15 名)。在全国职业院校技能大赛等专业技能竞赛获得三等奖及以上奖励，省级选拔赛获得二等奖及以上奖励。

3. 在创新发明方面取得显著成绩，科研成果获得省、部级以上奖励或获得通过专家鉴定的国家专利(不包括实用新型专利、外观设计专利)。

4. 在体育竞赛中取得显著成绩，为国家争得荣誉。非体育专业学生参加省级及以上体育比赛获得个人项目前三名，集体项目前二名。体育专业学生参加国际和全国性体育比赛获得个人项目前三名、集体项目前二名。集体项目应为上场的主力队员。

5. 在重要艺术展演文艺比赛中取得显著成绩。非艺术类专业学生参加全国中小学生艺术展演或同等水平比赛，获得三等奖及以上或前三名奖励；艺术类专业学生参加全国中小学生艺术展演或同等水平全国性及国际性比赛，获得三等奖及以上或前三名奖励，以上展演(比赛)省级遴选获得二等奖及以上或前二名奖励。集体项目应为主要演员。

6. 获省级及以上三好学生、优秀学生干部、社会实践先进个人、杰出青年、五四奖章等个人表彰或荣誉称号。

7. 参加全国中等职业学校文明风采优秀作品展示展演的个人或集体项目主要创作人员。

8. 在创业等其他方面有优异表现的。

第五章　附则

第十六条　中等职业学校应将获得国家奖学金情况记入学生学籍档案，颁发国家统一印制的荣誉证书，并于每年 12 月 31 日前将中职国家奖学金一次性发放给获奖学生。

第十七条　本办法由教育部、人力资源社会保障部、财政部负责解释。

第十八条　本办法自发布之日起施行。

附件 2

2018—2019 学年中等职业教育国家奖学金申请审批表

学校：_____ 年级：_____ 全国学籍号：_____

基本情况	姓名		性别		出生年月	
	政治面貌		民族		入学年月	
	专业		学制		联系电话	
	身份证号					

学习情况	成绩排名：_____/_____(名次/总人数)

在校期间主要获奖情况	日期	奖项名称	颁奖单位

申请理由 (200 字)	
	申请人签名(手签)： 年　　月　　日

推荐 理由 (100 字)	 推荐人(班主任或学生工作管理人员)签名: 年　　月　　日
年级 (专业) 意见	 年级(专业)主管学生资助工作负责人签名: 年　　月　　日
学校 意见	经评审,并在校内公示 5 个工作日,无异议,现报请批准该同学获得国家奖学金。 (学校公章) 年　　月　　日

《2018—2019学年中等职业教育国家奖学金申请审批表》填写说明如下。

各中等职业学校从全国学生资助管理中心网站(http://www.xszz.cee.edu.cn)下载或复印《中等职业教育国家奖学金申请审批表》，组织人员认真填写。

(1) 表格为一页，正反两面打印，不得随意增加页数。表格填写应当字迹清晰、信息完整，不得涂改数据或出现空白项。

(2) 表格中"基本情况""学习情况""在校期间主要获奖情况""申请理由"栏由学生本人填写，其他各项必须由学校有关部门填写。

(3) 表格中学习成绩排名依据是上一学年度的学习成绩，排名范围由各学校按照年级同一专业排名，但必须注明评选范围的总人数。

(4) 表格中"申请理由"栏的填写应当全面翔实，能够如实反映学生学习成绩、道德风尚、专业技能、社会实践、创新能力、综合素质等方面表现特别优秀。字数控制在200字左右。

(5) 表格中"推荐理由"栏的填写应当简明扼要，字数控制在100字左右。推荐人必须是申请学生的班主任或学生工作管理人员，其他人无权推荐。

(6) 表格必须体现学校各级部门的意见，推荐人和年级(专业)主管学生资助工作负责人必须签名，不得由他人代写推荐理由或签名。

(7) 表格中"学校意见"栏必须加盖学校公章。表格中凡需签名之处，必须由相关人员亲手签写。

(8) 表格上报一律使用原件，不得使用复印件。学习成绩排名位于年级同一专业排名未进入5%，但达到前30%(含30%)的学生申请中职国家奖学生，应提供加盖学校公章的详细证明材料。上报材料经评审后不予退回，各中等职业学校根据需要自行准备存档材料。

五、文明班级评选管理办法

福建商贸学校文明班级评选管理办法

为使创文明活动常规化、制度化，促进学生养成教育，扎实推进校园精神文明建设，经研究决定，在学生中开展"学雷锋，创文明班级"评比活动。评比由学生科负责，每周汇总各单项评比结果，统计得分，排出名次。每月汇总各周成绩作为本月文明班级评选的依据。

1. 各评分标准和办法

(1) 课堂考勤10分。根据《学生考勤办法与请假规定》考勤，累计本周考勤总节数，按旷课1节扣0.1分，迟到、早退三节扣0.1分评定，最多扣至0分。

(2) 课堂纪律 10 分。根据《课堂情况评比标准》，教学课由任课教师评分，自习课、看新闻联播由晚督修值班教师评分；根据《广播操评比标准》，早操由学生会评分；平均本周每节课评比结果计分。

(3) 教室卫生 10 分。由学生会根据《教室卫生评比标准》评分。

(4) 宿舍卫生 10 分。由学生会根据《宿舍卫生评比标准》评分。

(5) 宿舍考勤 10 分。由学生管理组负责，累计本周宿舍晚点名时无故夜不归宿、未事先请假缺勤或不参加晚点名等缺勤情况总人次，每人次扣 1 分，最多扣至 0 分。

(6) 宿舍纪律 10 分。由学生管理组根据《宿舍纪律评比标准》评分。

(7) 包干区卫生 10 分。由学生会根据《包干区卫生评比标准》评分。

(8) 时政学习 10 分。包括读书、读报、看新闻、开团课、团员会议、干部会议等活动。由团委会根据《时政学习评比标准》评分。

(9) 班刊校刊 10 分。每班每月出两期班刊，每月各班轮流出一期校刊。由学生会根据《黑板报评比标准》评分，其他周结合维护、更新情况评分。

(10) 课外活动 10 分。各班应充分发挥班级社团力量或结合学校大型活动安排，组织班级同学开展多种课外活动。每周周日前，各班将本周的班级活动情况记录及下周的活动计划交校团委社团部，由校团委组织检查。每周组织活动一次得 6 分，每多组织活动一次加 2 分，最多加至 10 分，大型优质活动一次就可得 10 分。

2. 加分、减分规定

加分、减分由学生科、团委会、学生管理组根据加分、减分条件评分。

(1) 加分规定：

① 学生有突出的优良表现，班级参加活动获奖，加 0.1～10 分；

② 好人好事，视具体情况酌情加 0.1～2 分；

③ 个人单项奖，视具体情况酌情加 0.2～5 分；

④ 集体获奖，视具体情况酌情加 1～10 分。

(2) 减分规定：

① 班级无故不参加学校组织的大型活动，视具体情况酌情扣 1～5 分；

② 学生违反校规校纪、违反学生日常行为规范，视情节轻重，每人次(每项)违规扣 0.1～10 分；

③ 受到学校开除、留校察看、记过、严重警告、警告处分者，分别扣 10 分、8 分、5 分、3 分、2 分；

④ 违反学校日常行为规范未达处分条件者，视情节扣 0.1～5 分；

⑤ 仪容仪表检查由生管组负责，累计本周仪容仪表检查不合格总人次，视情节每人次扣 0.1～2 分。

3. 评比办法

(1) 采取每周三下午大检查与平时检查相结合，每个月汇总公布一次，学期总评。

(2) 班级当月的小评平均成绩在 80 分以上的，评为本月"文明班级"，授予"文明班级"称号。但在本月内，如班级有同学受处分情况的，则不授予"文明班级"称号。

(3) 在一学期"文明班级"小评中，有 3 次及以上评为月度"文明班级"的，授予学期"文明班级"称号。但在学期文明班级月度评比成绩中有达不到 70 分的，或班级被通报批评的，则不授予学期"文明班级"称号。

4. 奖惩

评为本月"文明班级"的，授予"文明班级"奖状，并给予适当的奖励；本月成绩达不到基本分 60 分的班级将予以公开批评并责令整改。

第二节　日常安全教育

安全是生存的根本，是发展的前提。学校安全无小事，做好安全工作是维护学校正常秩序，提高教育质量的基础。安全教育人人有责，希望各位教师在教育教学中加强安全教育，从身边小事做起，预防为主，教育为主，发现危险苗头及时教育，发现安全隐患、事故及时汇报。家长应当配合学校，教育孩子自觉遵守学校的各项规章制度，正是这些规章制度对孩子行为的约束使孩子获得真正的自由，是孩子健康成长的有效保障，并且促使他们养成良好的行为习惯，终身受益。针对中职学生特点，就当前学校安全教育存在的问题，提出以下日常安全教育内容。

一、校园防火安全

校园安全问题是现在人们非常关注的一个话题，因为学校一旦发生安全事故受到直接危害的就是学生。而火灾是比较常见的一种灾害，学校要注意做好防火安全工作，同时加强对学生的防火安全教育，引导学生在日常生活中重视防火安全，增强防火意识，加强防火常识、技能学习。校园防火安全应做到以下几点：

(1) 爱护校园消防设施设备，严禁破坏消防设施设备、占用消防通道，发现不法行为应给予劝告、制止。发现消防设施设备损坏、遗失应及时报告相关科室或老师。

(2) 严格遵守学校的用电制度，不私拉电线，不私自使用电器，不使用明火。发现电线、电器、开关、插座等有损坏现象的，不触摸，不自行拆卸检查、修理，应及时报告，由学校派专人维修。

(3) 不带火柴、打火机等火种进校园，严禁在班级和宿舍点蜡烛、焚烧废纸等废弃物。

(4) 不带汽油、烟花爆竹等易燃易爆物品进校，严禁在宿舍存放易燃易爆物品。

(5) 不在宿舍区点明火，不卧躺在床上吸烟，不乱扔烟头。

(6) 自觉参加消防安全知识学习，积极参加消防灭火模拟演练等防火防护活动。

(7) 加强火灾应急自救常识学习，积极参加防灾应急避险疏散演练活动。

(8) 不要私自在野外用火进行野炊、烧烤等活动，以防引发山林火灾。

(9) 要学会使用灭火器。

二、交通安全常识

学校应加强交通安全法规宣传，加强对学生法制与交通安全的教育与管理，让学生掌握有关的交通安全知识，增强交通安全意识，提高警惕与自我保护能力，时刻注意交通安全。

(1) 应遵守交通规则，按照交通信号灯通行。在通过路口或横穿道路时应走人行横道线；无人行横道线时，应首先观察道路两边，注意尽量远离、避让过往车辆，确认安全后再行通过；过马路时，要思想集中，不能一边走一边玩手机或看书，不能三五成群并排行走，更不能追赶车辆嬉戏打闹。

(2) 骑车要在非机车道内行驶，不准驶入机动车道；不要在道路上互相追逐、嬉戏、追逐、打闹、曲折竞驶、扶身并行，应在道路右侧靠边慢行，转弯时应减速观察，并伸手示意；同时要选择前后暂无来往车辆时转弯，切不可在机动车驶近时急转猛拐，争道抢行。

(3) 禁止骑车冲坡、带人，停放自行车时应在规定地点有序停放，不得随意停放。

(4) 经过校门口、路口，横过道路 、下坡、人流量大的地段应下车推行。

(5) 雨雪天气出行尽量远离路边大树木或变压器、高压线路等；夜间等照明不良的情况下应特别注意路边有无无盖窨井。

(6) 要乘坐具有营运资格的汽车，不乘坐"黑车"。下车整好自身携带的物品，开车门时注意避让过往行人和车辆。

(7) 在交通事故发生后，应立即拨打 122 报警；若有人员伤势严重，应尽快拨打 120 求救，在医护人员到来之前，应采取初步的急救措施，如止血、包扎等。

三、食品卫生安全

学生在校期间的饮食安全牵动着每位家长的心。学校要认真加强饮食卫生管理，充分供应学生饮用的开水，做好食品卫生检查、饮用水消毒、食具消毒等工作。同时同学们也要掌握必要的食品卫生安全知识，保障饮食安全与身心健康，避免发生食品安全问题。

(1) 选择新鲜安全的食品。不要到校园周边无营业执照、卫生许可证的路边小店、摊贩处购买盒饭或食物，减少发生食物中毒等食品安全隐患。

(2) 合理搭配膳食。提倡食物混食、粗细搭配，防止偏食，保证营养的均衡，满足同学们青年阶段长身体的营养需要。

(3) 不吃腐烂变质的食品，不要直接喝自来水(生水)。生吃瓜果、蔬菜前一定要清洗干净，吃水果前最好要削皮，不要随意吃野果、野菜等野生食物。

(4) 养成良好的个人卫生习惯，做到饭前便后勤洗手，讲究个人卫生，牢牢把住"病从口入"的关口，防止肠道传染病的发生。

(5) 吃饭要定时定量，不要暴饮暴食。早餐一定要吃好，午餐一定要吃饱，晚餐尽量吃得简单些。尽量少吃油炸、烧烤、烟熏的食品，以免造成消化不良，甚至造成急性胃炎。

(6) 购买食品时应认真看清生产厂家、生产日期、食品原料、保质期、营养成分等是否标明，有无 QS 标识，不要购买三无食品。

(7) 自己固定使用的餐具要经常洗净消毒，不用不洁容器盛装食品，不在食堂乱扔垃圾防止蚊蝇孳生。

(8) 饭后不要立即进行剧烈运动。饭后应稍事休息再作运动，避免立即进行剧烈运动；饭后和运动后不要大量吃冷食，否则容易得肠胃疾病。

(9) 白开水是最好的饮料。一些饮料含有防腐剂、色素等，经常饮用不利于身心健康。

四、财产安全

由于校园人员众多，流动性大，环境相对自由，加之很多盗贼手法老到，即使学校安装监控设备并加强治安巡逻，盗窃事件也时有发生，而且破案难度很大。为此，在学校加强安全防范措施外，同学们也应该加强自身的防盗意识。日常应做到以下几点：

(1) 校园内外不私自动用他人财物，不强行向他人索要财物，不偷窃，不故意毁坏财物。

(2) 提高防盗意识。离开宿舍、教室时应及时关好门窗，不随意留宿外人；妥善保管好身份证、银行卡、钱包、现金、手机等贵重物品，不带笔记本电脑等贵重物品到校。

(3) 往返学校或出行途中注意防范扒窃和双抢案件，不携带大量现金，并且尽量不要集中一处存放；贵重钱物不要放在易被刀子划开的塑料袋中，且应置于胸前；夜间乘坐交通工具时，贵重物品注意贴身存放；睡眠过程中不要将贵重物品放在行李架上，减少被盗的可能。也不要在旅馆等住处存放现金。如无必要，不佩戴首饰，尤其是贵重首饰。

(4) 注意防范诈骗。识别犯罪团伙假装游客、乞丐或警察设置陷阱行骗或抢窃。不随意泄漏自己的身份证号码和家庭联系方式。请家人、朋友不要轻易相信陌生人传达的消息，如有任何消息应及时和学校有关部门联系，切勿向陌生人或陌生账号转账汇款。

(5) 和陌生人接触要提高警惕。一般不要和陌生人聊天、一起行走、散步；不要同轻浮女子或男子接触；不要参与别人的争吵。

(6) 管好自己的存折和银行卡。大家学习、生活的环境基本都是公共场所，因此，身上不宜带大量的现金。为保障安全，数额较大的现金要存入银行；银行卡密码不要随意告诉他人；使用银行卡在 ATM 机上取款时，应留意 ATM 机上是否有多余的装置或摄像头，输入取款密码时，应用手遮挡，以防密码泄露；如遇 ATM 机吞卡和不吐钞等故障时，不要离开 ATM 机，应在原地马上拨打 ATM 机屏幕上提示的银行联系电话或银行客服中心电话进行求助；不要轻易相信 ATM 机旁张贴的将钱转到指定账户的告示，收到可疑短信应与银行客服中心联系核实，谨防短信诈骗。

五、公共场所突发险情应对

1. 教室与课间活动安全

(1) 课间休息或放学时，应有序上下楼梯，上下楼梯不追逐奔跑、推挤，不在楼梯上跳，也不要从高处往下跳，不做有危险的活动。

(2) 不爬栏杆，严禁在楼梯的扶手栏杆上向下直接滑行，一旦踩空或撞人都可能造成严重伤害。

(3) 课间游戏、开展体育活动等不宜在教室，要到运动场等活动场所开展。

(4) 不要在教室中追逐、打闹，或做剧烈的运动和游戏，防止磕碰受伤。

(5) 需爬上高处取放物品、打扫卫生时，要请旁边同学帮忙加以保护，防止意外摔伤情况出现。

(6) 不管教室是否在高层，都不要将身体探出阳台或窗外，谨防不慎发生坠落或被坠物砸伤的危险。

(7) 教室的门、窗户开关时容易挤压到手，应特别注意小心，不能太用力，要轻轻地开关门窗，注意是否会夹到他人的手。

(8) 不要将图钉、大头针、小刀等尖锐、锋利的文具随意放在桌子、椅子上，防止意外伤害到别人。

2. 雷电灾害与防范

雷电是大自然的静电放电过程，是雷云接近大地时，产生云和云之间以及云和大地之间放电，迸发出光和声的现象。雷电是常见的自然现象，它实质上是天空中雷暴云的火花放电，放电时产生的光是闪电，闪电使空气受热迅速膨胀而发生的巨大声响是雷声。雷雨天容易发生雷击，致人受伤甚至死亡。

(1) 雷电天气时，要留在室内并关好门窗；在室外工作的人应躲入建筑物内。

(2) 不宜使用无防雷措施或防雷措施不足的电视、音响等电器，不宜使用水龙头。

(3) 雷雨时，切勿接触天线、水管、铁丝网、金属门窗、建筑物外墙，应远离电线等带电设备或其他类似金属装置。

(4) 减少使用固定电话和手机。

(5) 切勿游泳或从事其他水上运动，不宜进行室外球类运动，应离开水面以及其他空旷场地，寻找地方躲避。

(6) 切勿站立于山顶、楼顶或其他接近导电性高的物体的位置。

(7) 切勿处理开口容器盛载的易燃物品。

(8) 在旷野中无法躲入有防雷设施的建筑物内时，应远离树木和桅杆。

(9) 在空旷场地不宜打伞，不宜把羽毛球拍、高尔夫球杆等扛在肩上。

(10) 不宜开摩托车、骑自行车外出。

3. 洪水灾害与防范

一个地区短期内连降暴雨，河水会猛烈上涨，漫过堤坝，淹没农田、村庄，冲毁道路、桥梁、房屋，这就是洪水灾害。发生了洪水，如何自救呢？

(1) 受到洪水威胁时，如果时间充裕，应按照预定路线，有组织地向山坡、高地等处转移；在措手不及已经受到洪水包围的情况下，要尽可能利用船只、木排、门板、木床等，作水上转移。

(2) 洪水来得太快已经来不及转移时，要立即爬上屋顶、楼顶、大树、高墙，做暂时避险，等待救援，不要单身游水转移。

(3) 在山区如果连降大雨容易暴发山洪，这种情况下应该注意避免渡河，以免被山洪冲走，还要注意防范山体滑坡、滚石、泥石流的伤害。

(4) 发现高压线铁塔倾倒、电线低垂或断折，要远离避险，不可触摸或接近，以免触电。

(5) 洪水过后，要服用预防流行病的药物，做好卫生防疫工作，避免发生传染病。

4. 地震逃生

(1) 在平房宿舍内时突然发生地震，要迅速钻到床下、桌下，同时用被褥、枕头、脸盆等物护住头部，等地震间隙再尽快离开宿舍，转移到安全的地方。地震时如果房屋倒塌，应待在床下或桌下千万不要移动，要等到地震停止再走出室外或等待救援。

(2) 如果住在楼房中时发生了地震，不要试图跑出楼外，因为时间来不及。最安全、最有效的办法是及时躲到两个承重墙之间最小的房间，如厕所、厨房等，也可以躲在桌、柜等家具下面以及房间内侧的墙角，并且注意保护好头部。千万不要去阳台和窗下躲避。

(3) 如果正在上课时发生了地震，不要惊慌失措，更不能在教室内乱跑或争抢外出。靠近门的同学可以迅速跑到门外，中间及后排的同学可以尽快躲到课桌下，用书包护住头部；靠墙的同学要紧靠墙根，双手护住头部。

(4) 如果在实验室内遭遇地震，应立即熄灭正在使用的明火，关闭水、电、煤气，处理掉正在使用的有害药品，选择就近的实验桌下、矮柜旁、内墙根、墙角作为避震空间；远离玻璃，避开悬挂物，离开药品柜，保护好自己的眼睛、口鼻和头部。

(5) 如果在礼堂和体育馆等公共场所内遭遇地震，要听从现场老师的安排，就地蹲下或趴在座椅下，用书包、衣服等护住头部，避开吊灯等悬挂物，避震一分钟左右，再紧急疏散。

(6) 如果已经离开房间，千万不要地震一停就立即回屋取东西，因为一般第一次地震后接着会发生余震，余震对人的威胁也很大。

5. 防溺水安全教育

牢固树立"珍爱生命，安全第一"的意识，严格规范自己的行为，时时处处谨慎小心，严防各类安全事故，确保自己的生命安全。在防溺水方面务必增强安全意识和自我保护意识，提高避险防灾和自救能力，严防意外事故的发生。要重点做到"六不准"：

(1) 不准私自下水游泳；

(2) 不准擅自与他人结伴游泳；

(3) 不准在无家长或教师带领的情况下游泳；

(4) 不准到无安全设施、无救援人员的水域游泳；

(5) 不准到不熟悉的水域游泳；

(6) 不熟悉水性的学生不准擅自下水施救。

六、防范校园暴力

所谓校园暴力是指以学校为地域实施的违法犯罪行为，从暴力犯罪行为的发生地和行为实施主体两方面看，校园暴力是指以学校及周边地区为地点，犯罪主体和犯罪对象包含学生与教职工的暴力犯罪行为。

防范校园暴力应做到"六要"：

(1) 要加强自身思想道德修养，正确认识自我，认识社会，树立正确的人生方向、追求目标。

(2) 要培养良好的心理素质，有意识地参加心理健康讲座，进行心理咨询，形成健康向上的心理。

(3) 要学会控制情绪，增强社会应变能力，学会处理现实与愿望的矛盾，学会自我调适，事前做理智思考。

(4) 要努力建立和谐的人际关系，放弃自卑心理，充满信心地对待生活，能够接纳他人，使自己的心理处于轻松愉快状态。

(5) 要正确处理恋爱与性问题，以严肃的态度对待爱情，正视恋爱关系，保持稳定的情绪及健康的心理。

(6) 要多参加有益的课外活动，丰富自身的课外生活，营造周边良好的学习生活环境，将一切违法的思想意识挤出校园。

七、抽烟喝酒的危害与应对

进入中专学习以后，有些同学认为自己已经长大了，受到社会某些方面的误导，觉得自己应该有个"社会人"与"准职业人"的样子，获得独立，得到成年人的理解与尊重。于是，这些同学模仿成人抽烟、喝酒，以此显示"成人"气概，以展现自己思想的成熟。但这些同学并没有意识到，自己正处于生长发育期，烟酒中的尼古丁和酒精会危害人体器官，抽烟喝酒会导致患上神经类疾病和精神障碍，例如：头晕、失眠、思维能力下降、身体抵抗力下降、记忆力退化、心力衰竭、产生反社会行为等。过度沉溺于抽烟喝酒不仅影响身体健康，而且容易造成心理扭曲。抽烟喝酒对学生身心产生的危害是极其严重的。

1．抽烟喝酒的危害

(1) 影响家庭关系。很多家庭会因为一方或是双方酗酒而产生争吵，也会因为一方抽烟而被另一方数落。久而久之家庭矛盾就不可避免，严重影响家庭关系。

(2) 影响容貌。女性因为激素水平等原因，会比男性更加容易随着年龄的变大而显得更加衰老，而烟酒损害会加速女性面相的衰老，影响容颜的美丽。

(3) 影响口腔健康。无论是抽烟还是喝酒都会影响口腔的健康状况。抽烟会导致牙渍和牙齿颜色的变化，而酒精会刺激口腔牙龈炎症，导致口腔问题。

(4) 产生多种健康问题。稍有些医学常识的人都知道，身体有些疾病是由于烟酒诱发的，而一些疾病也是忌烟忌酒的，否则会加重病情。

2．抽烟喝酒的应对办法

(1) 加强体育锻炼，多培养自己的兴趣爱好，转移注意力。平时要多培养健康有益的兴趣爱好，让自己的业余生活丰富充实起来，花更多的时间去做有益身心健康的事情，慢慢地戒掉烟酒。

(2) 积极引导同学充分认识烟酒的危害。教职工应帮助学生分析抽烟喝酒可能产生的影响与恶果，让学生充分认识到抽烟喝酒的危害，从而帮助他们戒掉抽烟喝酒的习惯。

(3) 家庭学校一起努力，净化学生周边的环境，从行为上帮助学生戒掉抽烟与酗酒的习惯。由于尼古丁具有成瘾性，如果抽烟已经上瘾，必须进行必要的心理干预，从根本上戒除学生的烟瘾，以利其健康成长。

八、抵制毒品，远离色情

1．毒品的危害

目前，毒品已成为全世界的一大公害。吸毒使人精神不振，情绪消沉，思维和记忆力衰退，引起精神失常，并且可以直接致命，吸毒人员的平均寿命一般为 30～40 岁，同时，人一旦吸毒成瘾，大多数就会道德沦丧、不顾廉耻，没有了人格尊严，最终被社会、家庭和亲朋唾弃。

(1) 吸食毒品能够毁掉一个人的健康和生命。毒品对人的身心健康毒害很大，它极易成瘾，吸毒时间稍长就会导致人体各器官功能减退，免疫力丧失，生育能力被严重破坏。

(2) 吸毒直接诱发违法犯罪。吸毒者需要大量源源不断的资金购买毒品，当资金不够时，吸毒者往往通过偷、抢、骗，甚至杀人劫财来获取资金。在监狱关押的犯罪分子中，有近 30% 的人与吸毒有关。因此，毒害不除，社会就不得安宁。

(3) 吸毒是产生严重危害人类健康的传染性疾病的祸根。吸毒已经成为我国艾滋病传播的主要途径。如果不能有效地控制毒品蔓延，必将对人类的生命健康造成重大损害。

2．如何远离毒品

人一旦沾染毒品 是很难真正戒断的，确实戒断了的也只是极少数。对毒品，一定要保持高度警觉，在这个关系个人一生前途命运的问题上，绝不能有任何侥幸心理。青少年的好奇心很强，这是求知进取的表现，但是，对毒品这种严重摧残人类的东西，一定要拒绝和远离，坚决不能冒险去尝试。

(1) 牢记学校的教育和忠告。一定要时刻牢记"一朝吸毒，终生难戒""一时不慎，痛悔一生""一失足成千古恨"这样的忠告。

(2) 面对诱惑要增强自控能力。学会控制自己的人是生活的强者。我们一定要增强识别和自控能力，千万不要"自投毒网"。

(3) 要慎重交友。我们交友一定要有原则，最好不要在社会上过多地结交朋友，青少年辨别是非的能力还很有限，稍有不慎就会结交坏人，误入歧途，如果一旦与毒贩子为友，那就很难逃脱厄运了。

3. 如何远离色情

(1) 正确认识对于性的冲动。多数人在青春期的时候都会对性产生强烈的冲动和好奇，这是人体的正常生理反应，不应回避或羞愧，应该正解学习相关理论知识，正确、积极地对待和异性的相处。

(2) 重视个人修养，培养正确的人生观和是非观.

(3) 培养健康的兴趣爱好。培养健康的兴趣爱好，可以给青少年学生带来很多好处，如提高身体素质、释放压力等，还可以在兴趣爱好当中获取智慧，从而抵制不良诱惑。

九、女生人身安全常识

作为一名女生，往往表现得较为娇弱，在社会上属于弱势群体，因此，更容易受到不法之徒的侵害。为了确保安全，应当了解女生的安全常识，树立安全防范意识，注意加强安全防范，提升自我保护能力，有效地保护自己。

(1) 夜间不要独自外出，如确有必要外出，最好有两人以上结伴同行。

(2) 不去歌舞厅、酒吧等成年人聚集的公共场所，以免发生危险。

(3) 衣着得体大方，不穿袒胸露背、超短裙之类的性感衣服去人群拥挤或偏僻的地方。

(4) 行为举止要稳重端庄，不轻易与陌生人接近或交谈；不贪小便宜，不轻易接受陌生男子的邀约，对陌生人的有意接近、过分殷勤或热情，应随时提高戒心与防范意识。

(5) 路过僻静、幽暗处时应提高警惕；不单独一人在僻静、幽暗处久留，如遇见陌生男子徘徊，应提高警觉意识，迅速离开。

(6) 不轻易让陌生人进入你的寝室，晚上熄灯后寝室门窗要上锁，以防歹徒入侵危险。

(7) 不随意搭陌生人的便车，或与陌生人一起乘坐出租车，不乘坐"黑"出租车。

(8) 如遇到个别男生动手动脚的非礼行为，应理直气壮、及时给予严厉斥责。如其仍不收手，则应大声喊叫、求助旁人，制止其非礼行为。

(9) 如果遇到骚扰或威胁，应沉着冷静，选择适当的时机大声呼救、抗争，或寻求他人救助。

十、学生矛盾纠纷与处理

我们的同学从全省各地来到学校一起学习生活，但因每个人的性格、习惯等不同，有时同学间产生一些小的矛盾或纠纷也在所难免。但我们要学会正确认识和处理现实生活中的矛盾或纠纷，及时化解矛盾或纠纷，让自己安全快乐地学习、生活和成长。校园内因为小的矛盾纠纷没有处理好而引起打架的原因大致有以下方面。

(1) 家庭教育失当。有些学生因为家长忙于生意、出国等各种原因，缺少管教。由于缺乏明辨是非的能力，以致在中学时结交了社会上的不良人员，养成喜欢惹是生非的不良习气。有些家长对孩子的教育手段简单粗暴，造成孩子性格内向孤僻，情绪容易激动，脾气暴躁，心理上有暴力倾向，在校容易与同学产生矛盾与纠纷。

(2) 早恋引起争风吃醋。有些同学到学校后没有了中学紧张学习的压力，又远离父母的管束开始独立生活，过早地开始谈恋爱，没有处理好与其他同学的关系，因争风吃醋与同学发生矛盾；或者因女朋友受到了某种委屈，想替女朋友出气而和其他同学发生矛盾与纠纷。

(3) 心胸狭窄，缺乏理解与宽容精神。有些同学缺乏谦让、宽容的心胸，一旦看不惯对方的行为，或与同学意见不一致时，很容易情绪激动，意气用事，甚至大打出手。

(4) 死要面子，虚荣心太强导致自己骑虎难下。有些同学在日常生活中太爱面子，夸下海口，结果面对问题时自己下不了台，导致矛盾冲突升级。

(5) 疑心太重，以暴制暴。有些同学自信心不足，对周围环境反应过激，总感觉有人在议论自己、瞧不起自己，导致心里压抑，最后只能用暴力解决。

面对同学之间的矛盾纠纷，我们要学会正确看待与处理，建议从以下几个方面努力提升自己的综合素质，充实自己的生活，收获成功、友谊与美好。

(1) 增强法治意识。作为新时代的青年学生，要树立正确的世界观、人生观与价值观，平时要加强法律知识的学习，提高对各种违法行为的认识，增强法制观念，自觉抵制各种不良行为的发生。

(2) 加强沟通能力的培养。有些同学沟通中不注意说话的语气及沟通的技巧，导致双方发生误会甚至引起矛盾纠纷。在日常学习生活中，应加强沟通协调能力的培养，养成专注倾听的习惯，准确理解对方想要表达的信息，说话的语气要和缓匀速，尊重对方，不要挑动对方的不满情绪；当沟通陷入僵局时，要适时大胆地说"对不起"，软化现场气氛，不要做无意义的肢体挑衅动作，以免影响沟通效果。

(3) 提升自我修养，学会谦让与宽容。修养决定一个人的魅力，而修养通常来自行为养成习惯等细节，因此，同学们平常要注意自己的言行举止，养成文明良好的行为习惯，多学习、多实践，多总结反思，学会谦让、理解与宽容，不断完善提升自己。

（4）男女同学交往要适时有度。男女同学在一起学习、交谈和娱乐，有些难免会产生好感，这是正常的，但男女同学交往要保持适度的距离，建立自然和谐、真诚友爱、积极健康的男女关系，不能太过亲密，盲目冲动，以免过早地萌动情爱，甚至引发其他同学争风吃醋，结果给双方造成心理伤害。

（5）多参加社团活动，建立良好的人际关系。现代社会是一个群体社会，同学们都迫切希望与他人交往，而且人际交往的对象不再局限于同班、老乡，希望通过人际交往增加自己的朋友圈、开阔视野、增长见识，同时盼望得到别人的承认、尊重和理解。因此，同学们在校要根据自己的个性特长多参加一些社团活动，增加与人交往的机会，学会与人交往的方式方法与技巧，建立良好的人际关系，增加阅历，充实自己的生活。

（6）珍惜缘分、培养友谊。大千世界，芸芸众生，大家能够一起相聚在商贸学校读书已是一种难得的缘分，应该学会珍惜。同时，中职学习阶段也是为将来工作积累知识、建立真正同学间友谊的阶段，这个阶段的朋友、同学将是自己事业的基础，所以更应当珍惜缘分，培养同学间纯洁的友谊，为将来走上社会打下良好的基础。

第三节　宿舍管理制度

一、学生宿舍管理规定

（1）宿舍长负责寝室管理工作，要以身作则，敢抓敢管，督促本宿舍同学遵守学校各项规章制度。

（2）宿舍由学校统筹安排，所有寄宿生应服从调整安排，未经学生科同意，不得擅自更换宿舍床位、挪动室内设备；除规定的室内设备外，其他公共财产不得搬进室内，亦不得私自添置大件家具放在室内，不得挂床帘。

（3）各宿舍应制订值日生安排表，值日生应负责卫生打扫、内务整理工作，保持宿舍的整洁卫生，配合卫生检查，负责检查关窗、锁门。

（4）全体舍员应养成讲卫生的良好习惯，应参加每周一次的宿舍卫生大扫除，共同保持宿舍内外卫生清洁，严禁往窗外楼下倒水、扔杂物，严禁在宿舍内用餐。

（5）严禁在宿舍内大声喧哗，严禁吸烟、喝酒、打麻将，严禁在宿舍走廊上聚众活动、追赶嬉闹、体育运动，严禁坐、躺、攀爬走廊栏杆。

（6）未经许可，不得擅闯他人宿舍，休息时间不得在宿舍内接待客人，不得留宿外人。

男生不得到女生宿舍区，女生也不得到男生宿舍区。

(7) 课堂考勤管理时间学生不得擅自留在宿舍区，经班主任请假批准留在宿舍者，应到学生管理老师处办理登记；晚上 9 点半之前必须回各自宿舍等待老师点名，没有办理请假手续并未返校者，宿舍成员应及时向班主任或学生管理老师报告。

(8) 严格遵守作息时间，按时熄灯。熄灯后不得在宿舍区内洗漱、大声吵闹、吹拉弹唱、放音乐，不得在走廊滞留，不得擅自离开宿舍。

(9) 注意节约用水、用电，爱护公物，公物如有损坏应及时报告，损坏公物应照价赔偿，故意破坏公物应加倍赔偿。

(10) 提高防盗意识，关好门窗，50 元以上的现金要存放储蓄所，50 元以下的现金要随身保管，不带贵重物品到校，洗晒在室外的衣服及时收回，防止丢失。

(11) 要提高防火意识，严禁使用电炉、电热器，严禁私接电线，严禁点蜡烛、蚊香，严禁烧废纸、废物、严禁存放易燃易爆物品。

(12) 发现各种可疑人、事要及时报告学生管理老师或保卫科，发现吵架、打架不得围观并要及时报告老师。

二、宿舍 7S 管理办法

住宿生的管理工作特点突出，复杂性强，难度大。宿舍实行"7S"管理，一方面要结合住宿生的生活特点，另一方面可结合文明宿舍的评选与奖惩，对获奖宿舍进行适当奖励。

1. 1S——整理

将宿舍内的任何物品区分为有必要和没有必要的(常用、不常用、不用、垃圾)，除了有必要留下来的，其他的都丢掉。

原则：有必要的留存，没有必要的不留存。

目标：腾出空间，空间活用，防止误用，塑造清爽的生活场所。

宿舍空间整理包括整理床铺、整理储物空间、整理宿舍的公共空间。

(1) 整理我们的床铺：

项　　目	有必要的	没有必要的	处理结果
要用到的床上用品	√		留存
备用的床上用品，有用的非床上用品	√		移走他存
不能用的床上用品，无用的非床上用品		√	遗弃

(2) 整理我们的储物空间:

项 目	有必要的	没有必要的	处理结果
常用的学习必需品和在校生活必需品	√		留存
不常用的学习必需品和在校生活必需品	√		移走他存
不能用的学习必需品和生活必需品		√	遗弃
非在校学习必需品和生活必需品	√		带回家
生活垃圾及其他遗弃物		√	遗弃

(3) 整理我们宿舍的公共空间:

项 目	有必要的	没有必要的	处理结果
必须要用的卫生工具	√		留存
不能用的卫生工具		√	遗弃
不能放在储物空间的生活必需品	√		留存
不允许学生寝室中存放的有用物品		√	带回家
废弃物品		√	遗弃
私自粘贴物(画)		√	遗弃

2. 2S——整顿

把留下来的必要用的物品依规定位置摆放,并放置整齐加以标示。

原则:让留下来的物品在它的空间内有序归位。

目标:生活场所一目了然,节约寻找物品的时间,整整齐齐的环境,消除过多的积压物品。

宿舍空间整顿包括整顿床铺、整顿储物空间、整顿宿舍的公共空间。

(1) 整顿我们的床铺:

① 被子按统一要求折叠,放在一侧,开口朝门;

② 枕头平放在被子和墙之间,睡衣折叠放在枕头下;

③ 床单(草席)平铺整齐无折痕;

④ 蚊帐按统一要求挂好;

⑤ 每天至少整顿二次,巩固和维持床铺整洁有序。

(2) 整顿我们的储物空间:

① 换洗的衣服清洗晒干后叠整齐并收藏;

② 使用频率高的学习必需品和生活必需品放在储物柜或抽屉里;

③ 使用频率低的学习必需品和生活必需品放在储物柜或箱包里;

④ 箱包有序地放在床铺下面或储物柜里；

⑤ 鞋子有序地放在床铺下面，鞋尖朝里，鞋跟成一条线与床沿平行；

⑥ 把物品的摆放位置固定下来，经常提醒自己；

⑦ 每天至少整顿一次，巩固和维持整洁有序。

(3) 整顿我们宿舍的公共空间：

① 卫生工具根据宿舍情况摆放在指定位置；

② 不能放在储物空间的生活必需品归类统一，整齐摆放在指定位置；

③ 把物品的摆放位置固定下来；

④ 每天至少整顿三次，巩固和维持整洁有序。

3．3S——清扫

将生活场所内看得见与看不见的地方清洁干净，保持生活场所干净、亮丽。

原则：让留下的物品和它的空间清洁。

目标：稳定品质，减少环境污染与损害。

宿舍空间清扫包括清扫床铺、清扫储物空间、清扫宿舍的公共空间。

(1) 清扫我们的床铺：

① 随时清扫床上的垃圾；

② 床铺架每周至少擦拭一次。

(2) 清扫我们的储物空间：

① 对储物空间乱涂和乱张贴的画面进行一次清除；

② 床铺下每天清扫一次；

③ 储物柜、抽屉、箱包每周擦拭一次；

④ 爱护储物空间。

(3) 清扫我们宿舍的公共空间：

① 及时清扫地面垃圾，清除污垢；

② 每天对洗漱用品的存放处擦拭至少两次；

③ 卫生间每天至少刷洗一次；

④ 门和窗户每周擦拭一次；

⑤ 电扇和空调每学期清扫一次。

4．4S——清洁

随时关注自己的行为，保持生活空间的洁净。

原则：保持留下的物品和它的空间洁净。

目标：维持上面 3S 成果。

宿舍空间清洁包括清洁床铺、清洁储物空间、清洁宿舍的公共空间。

(1) 清洁我们的床铺：

① 床上用品、睡衣勤晒、勤洗；

② 不在床上随意丢放东西，随时注意床上是否留有不必要物品，乱了就理；

③ 不在被褥、枕头和草席床单下面随便存放物品；

④ 爱护自己的床上用品。

(2) 清洁我们的储物空间：

① 不在储物空间里随意丢放物品，随时关注储物空间里的物品摆放有序，乱了就理；

② 随时清除储物空间里的不必要物品；

③ 爱惜自己的储物空间。

(3) 清洁我们宿舍的公共空间：

① 不在宿舍的公共空间随意丢放物品，随时关注宿舍物品摆放有序，乱了就理；

② 不随意往宿舍地面丢垃圾，随时保证寝室地面干净；

③ 随时清除宿舍公共空间的不必要的物品；

④ 爱护自己的宿舍物品。

5. 5S——素养

养成良好的习惯，并遵守规范做事，培养积极主动的精神。

原则：让规范和习惯来提升我们的素养。

目标：培养具有良好习惯、遵守规范的学生，营造团队精神。

(1) 未经老师同意，任何外来人员不得私自进入学生宿舍楼，住宿生不得擅自调换宿舍和床位，禁止合铺就寝。

(2) 宿舍管理人员根据实际情况对床位进行调整时，住宿生应积极配合，不得以各种借口阻挠和推辞。

(3) 应严格遵守学校规定的作息时间，每天按时起床，按时去上课；非课外时间不得进入或滞留住宿区，其他特殊情况须班主任或相关老师同意并到学生管理组登记后方可进入或滞留住宿区。

(4) 晚自习后，尽快回宿舍做好就寝前的准备；按时接受晚点名，误过点名要主动去补到。

(5) 熄灯后立即保持安静就寝，不吹拉弹唱；晚归、迟睡、夜间外出、早起时动作要轻缓，以确保不影响他人的休息；不午休同学的行动也要注意不影响他人的休息。

(6) 住宿生周末有回家的写好周末请假条交纪检委员统计，最后交到学生管理组报备。周末留校的学生要在规定时间内返校参加晚点名。

(7) 要服从老师的管理，遵守宿舍纪律。讲究文明礼貌，不骂人、不说脏话，不侮辱他人，不打架斗殴，宿舍成员之间要互相团结，和睦相处。

(8) 未经老师同意男女生不许互串宿舍，如违反而造成后果的，将追究其相关责任。

(9) 住宿生不得将宿舍钥匙借与他人。严禁私自调换门锁和另加门锁。若有门锁损坏及时报告老师以便维修更换。如违反本规定引起的一切后果由责任人负责，并作相应处罚。

(10) 不准向窗外、门外倒水及抛弃废物，不准在走廊刷牙；不准向下水道或厕所丢弃易造成堵塞的物品；不准在宿舍内晾挂衣物；不准在宿舍内用餐。

(11) 宿舍区内严禁打球、踢球、打闹嬉戏等，不准吸烟、喝酒、吸毒，杜绝敲诈或变相敲诈，禁止赌博或变相赌博，不看色情、凶杀、迷信书刊和影像，创造文明、健康的宿舍文化。自觉服从并配合安全、卫生和纪律检查。

(12) 住宿生应爱护公物，宿舍内的设施(门窗、玻璃、家具、电扇、空调及其他设备)均为学校财产，要妥善使用和保管，不得私自拆装、调换、故意破坏。

6. 6S——安全

提高全员安全意识，每时每刻都有安全第一观念，防患于未然。

原则：建立起安全的生活环境。

目标：所有的学习生活应在安全的前提下进行。

(1) 人人应加强人身安全、财产保管意识，贵重物品随身携带，否则后果自负。要爱护公物，不得擅自挪用他人的物品。

(2) 最后离开宿舍的学生，应锁门关窗，关闭相关用电设备。

(3) 发现同学有矛盾冲突、发生吵架、打架斗殴，应立即报告老师，而且禁止参与，禁止把事态扩大。

(4) 发生突发事故，应立即报告老师及时处置。

(5) 发现安全隐患，应立即报告老师及时处置。

(6) 发生火灾、地震，应紧急疏散、安全有序地撤离。

(7) 禁止携带及存放危险及违禁的物品。

(8) 增加防火意识。严禁将易燃、易爆、易腐蚀或其他危险物品带入宿舍内，严禁在宿舍内使用明火(如焚烧纸张和杂物、明火蚊香、点蜡烛等)，严禁私自使用电器，严禁私自拉接电线，严禁擅自挪用、损坏消防器材和设施，违反者将追究其相关责任。

7. 7S——节约

在宿舍内力求节约，反对浪费，想方设法地将各种损耗缩小到最低限度。

原则：追求效益、力避浪费。

目标：让学生养成勤俭节约的好习惯。

(1) 洗漱完毕及时关闭水龙头。

(2) 最后离开宿舍的同学，必须关闭电灯、电扇、空调等用电设备。

(3) 节约用电，有节制的使用空调。

(4) 洗澡时禁止泼水、嬉戏、打闹等行为的发生。

三、7S 管理检查与考核制度

1. 检查

(1) 班主任组织各宿舍成员选出宿舍长、安排值日生。宿舍成员、值日生、宿舍长每日自觉开展寝室 7S 的管理和自我检查。

(2) 每日由学生管理老师组织学生会卫生评比员对宿舍卫生进行评比，并将评比结果公布。

(3) 学生管理老师、班主任日常加强不定期检查。每周组织学生会卫生评比员对宿舍 7S 进行一次评比。每学期由校团委组织两次"美室杯"评比。

2. 考核

(1) 每日卫生评比结果纳入综合班风评比。

(2) 每周评出卫生最优宿舍若干名予以通报表扬，计入综合班风评比加分项。

(3) 学生违反制度的扣操行分，情节严重的给予处分。

四、文明宿舍评比管理办法

文明宿舍评比内容包括宿舍卫生、宿舍纪律，文明宿舍创建标准如下。

1. 文明要求

(1) 宿舍成员自觉遵守国法校纪，遵守学校作息时间。

(2) 道德情操高尚，文化生活健康，言谈举止文明、礼貌、得体。

2. 卫生要求

(1) 地面(含床下)干净整洁，无垃圾、烟蒂、痰迹、杂物、污水等。

(2) 墙壁、天花板干净，无蜘蛛网、鞋印、球印等污迹。

(3) 门窗干净，无污迹，干净透明，不能张贴纸张。

(4) 卫生间干净，无异味。

(5) 门口墙壁严禁张贴各类广告、启事、海报等。

3. 内务要求

(1) 床上被子叠放整齐、褥子铺平，枕头、床上杂物(衣服、书等)摆放整齐。

(2) 蚊帐挂好并拉平整，室内无乱挂杂物、衣物，保障空气流通。

(3) 鞋子应摆放在本人床下，鞋跟向外摆成一条直线，或摆放在室内的鞋架上，不能放在门外。

(4) 行李箱、大件杂物等整齐摆放在空床上或放在行李架上。

(5) 杯子、洗漱用品、卫生用具等整齐摆放。

4. 安全要求

(1) 宿舍内严禁私拉乱接电线，严禁使用大功率电器(如电热棒、电磁炉、电饭锅等)。

(2) 宿舍内无滞留异性，不留宿外人，增强防盗意识。

(3) 禁止私藏烟、酒、管制刀具等物品，禁止抽烟、饮酒、赌博、斗殴行为，杜绝治安案件。

5. 文明宿舍评分标准

文明宿舍评分标准按照文明宿舍评分标准表(见表2)执行，若宿舍出现以下情形之一将一票否决：

表2 文明宿舍评分标准表

一级要求	二级要求	分数
一、文明要求 (15分)	1. 自觉遵守学校的作息时间，按时熄灯睡觉	5
	2. 道德情操高尚、文化生活健康，言谈举止文明、礼貌、得体	10
二、卫生要求 (25分)	1. 宿舍和门口走廊地面(含床下)干净整洁，无垃圾、烟头、痰迹、杂物、污水	5
	2. 墙壁、天花板干净，无蜘蛛网、鞋印、球印等污迹	5
	3. 门窗无污渍，干净透明，不能张贴纸张	5
	4. 卫生间干净，无异味	5
	5. 门口墙壁严禁张贴各类广告、启事、海报等	5
三、内务要求 (30分)	1. 床上被子叠放整齐、褥子铺平，枕头、床上杂物(衣服、书等)摆放整齐；蚊帐挂好并拉平整；宿舍内无乱挂杂物、衣物，保障空气流通	5
	2. 鞋子应摆放本人床下，鞋跟向外摆成一条直线，不能放在门外	5
	3. 行李箱、大件杂物等整齐摆放在空床上或放在行李架上	5
	4. 杯子、洗漱用品、卫生用具等整齐摆放	5
	5. 有创意的宿舍美化	10
四、安全要求 (30分)	1. 宿舍内无违规用电，没有乱接电线等	10
	2. 爱护消防设施，不生火，不点蜡烛照明	10
	3. 宿舍内学生无吸烟、喝酒现象，无烟头、无酒瓶	10

(1) 宿舍成员违反国法校纪。

(2) 宿舍内学生私藏管制刀具器械、易燃易爆炸等危险物品。

(3) 有赌博、聚众、打架斗殴、高空抛物、偷窃等严重违纪行为。

(4) 宿舍有使用大功率电器行为(如电热棒、电饭煲、电磁炉等)。

(5) 宿舍内滞留异性，留宿外人。

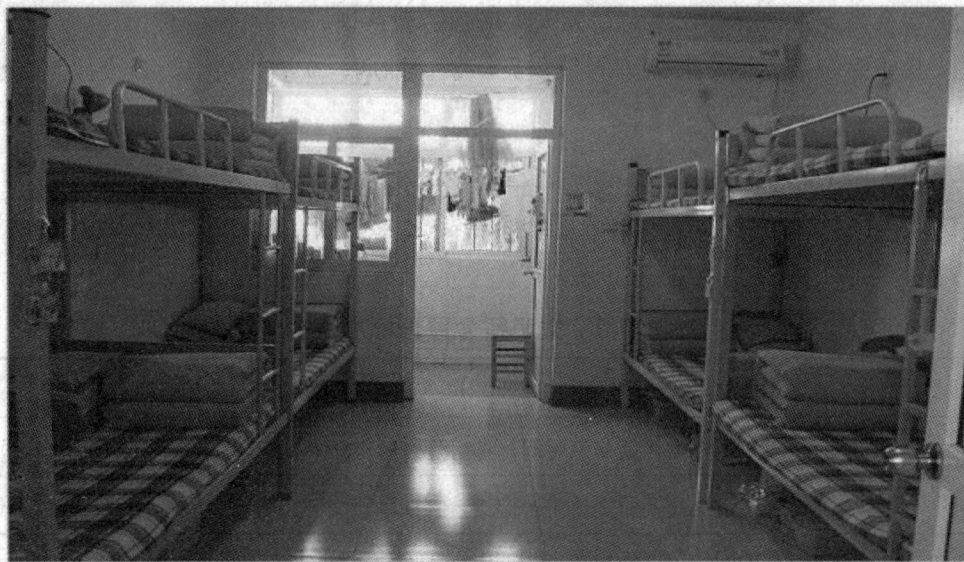

学生宿舍内景

第三篇

素 养 篇

本篇导航

◆ 在这个充满竞争与机遇的时代，一个中职生要想得到社会的认可并获得成功，需要具备哪些基本素质呢？

◆ 进入中职学校以后，很多人偏重于专业知识、技能的学习，而忽视了思想政治素质、职业道德和身心素质等的养成。这样对自己的全面发展有什么影响呢？

◆ 过硬的思想政治素质、良好的行为习惯、健康的心理素质、良好的职业精神是你人生的一笔重要财富。

◆ 素养是一个人应具备的素质与修养。它是指一个人在品德、知识、才能和体格等方面经过学习和锤炼所获得的结果，是根植于内心的一种自觉的、有意识的行为存在。

本篇重点介绍社会主义核心价值观，中职学生的日常行为规范，学生综合素质评价，基本文明礼仪，心理健康教育和应具备的基本素质，帮助学生理解综合素质评价的内容、要求，明确自己努力的方向，养成良好的行为习惯、文明礼仪与心理素质，提升中职学生的综合素养，为今后职业生涯的全面发展奠定坚实的基础。

主要内容： 行为规范养成

综合素质评价

社会主义核心价值观

文明礼仪与素养

心理健康教育

第一节　行为规范养成

一、中等职业学校学生守则

(1) 热爱祖国，热爱人民，拥护中国共产党的领导。立志为社会主义事业服务，为人民服务。

(2) 学习马列主义、毛泽东思想、邓小平理论、"三个代表"重要思想和科学发展观，树立正确的人生观和价值观。

(3) 不迟到、不早退、不旷课，专心听讲，勤于思考，热爱专业，学好理论知识和专业技能。

(4) 坚持体育锻炼，讲究卫生，积极参加健康有益的各种活动。

(5) 热爱集体，爱护公物，勤俭节约，生活俭朴，不谈恋爱，不吸烟，不酗酒。

(6) 诚实谦虚，尊敬师长，团结同学，对人有礼貌，不打架斗殴，不说脏话，开展批评与自我批评，遵守社会公德。

(7) 遵守学校规章制度，遵守国家法令，遵守公共秩序，保守国家机密。

(8) 树立正确的就业观，培养吃苦耐劳、爱岗敬业，乐于奉献的良好品德，立志为社会主义建设服务。

二、中等职业学校学生公约

(1) 爱祖国，有梦想。热爱祖国，热爱人民，热爱中国共产党。志存高远，服务人民，奉献社会。

(2) 爱学习，有专长。崇尚科学，追求真知；勤学苦练，精益求精；不会就学，不懂就问。

(3) 爱劳动，图自强。尊重劳动，勇于创造；艰苦奋斗，勤俭节约；从我做起，脚踏实地。

(4) 讲文明，重修养。尊师孝亲，友善待人；诚实守信，言行一致；知错就改，见贤思齐。

(5) 遵法纪，守规章。遵守法律，依法做事；遵守校纪，依纪行为；遵守行规，依规行事。

(6) 辨美丑，立形象。情趣健康，向善向美；仪容整洁，衣着得体；举止文明，落落大方。

（7）强体魄，保健康。按时作息，坚持锻炼；讲究卫生，保持清洁；珍爱生命，注意安全。

（8）树自信，勇担当。自尊自信，乐观向上；珍惜青春，不怕挫折；敬业乐群，勇担责任。

三、中等职业学校学生日常行为规范

1. 自尊自爱，注重仪表

（1）维护国家荣誉。尊敬国旗、国徽，会唱国歌，升降国旗、奏唱国歌时要肃立、脱帽、行注目礼。

（2）坐、立、行、读书、写字姿势正确。

（3）穿戴整洁、朴素大方。头发干净整齐，不烫发、化妆、佩戴首饰。男生不留长发，女生不穿高跟鞋。

（4）养成良好的卫生习惯。不随地吐痰、乱扔废弃物。不吸烟、喝酒。

（5）举止文明。不打架骂人、说脏话。不赌博，不参加封建迷信活动。

（6）情趣健康。不看色情、凶杀、迷信的书刊及影视片，不唱不健康歌曲。

（7）不进营业性舞厅、电子游戏厅、网吧、酒吧和音乐茶座等不适宜学生活动的场所。

（8）爱惜名誉，拾金不昧，不受利诱，不失人格。

2. 真诚友爱，礼貌待人

（1）要讲普通话，使用礼貌用语。讲话注意场合，态度和蔼。

（2）尊重他人的人格、宗教信仰和民族习惯。谦恭礼让，敬老爱幼，尊重妇女，帮助残疾人。遇见外宾，以礼相待，不卑不亢。

（3）尊重教职工，见面行礼或主动问候。回答师长问话要起立，接受递送物品时要起立并用双手。给老师提意见态度诚恳。

（4）同学之间团结互助，正常交往，真诚相待，不取侮辱性绰号，不欺侮同学，发生矛盾多做自我批评。

（5）待客热情，起立迎送。邻里有困难时，主动关心、帮助。

（6）未经允许不进入他人房间、动用他人物品、看他人信件和日记。

（7）不随意打断别人的讲话、打扰他人学习工作和休息，妨碍别人要道歉。

（8）惜时守信。答应别人的事要按时做到，做不到时表示歉意，借他人钱物要及时归还。珍惜时光。

3. 遵规守纪，勤奋学习

（1）按时到校，上课前准备好学习用品。上下课时，起立向老师致敬。下课时，请老师先行。

(2) 上课专心听讲，勇于提出问题，敢于发表自己的见解，积极回答老师的提问。

(3) 认真预习、复习，按时独立完成作业。考试不作弊。合理安排课余生活。

(4) 积极参加学校、班级组织的文体活动和劳动及社会实践活动。

(5) 认真值日，保持教室、校园整洁优美。保持图书馆、阅览室的安静。不在教室和楼道内追逐喧哗。

(6) 爱护校舍和公物，不在黑板、墙壁、课桌、布告栏等处涂抹乱刻画。借用公物要按时归还，损坏东西要赔偿。

(7) 参加各种集会准时到达，不做与会议无关的事。

(8) 遵守宿舍和食堂的制度，爱惜粮食，节约水电，服从管理。

4. 勤劳俭朴，孝敬父母

(1) 生活有规律，按时作息。

(2) 学会料理个人生活，自己的衣物用品收放整齐。

(3) 主动承担收拾房间、洗衣、做饭、洗刷餐具和打扫楼道、庭院等力所能及的家务劳动和公益劳动。

(4) 生活节俭，不摆阔气，不乱花钱。

(5) 尊重父母意见和教导，经常把生活、学习、思想情况告诉父母。

(6) 外出和到家时，向父母打招呼，未经家长同意，不得在外住宿。

(7) 尊敬体贴帮助父母、祖父母、外祖父母，关心照顾长辈和兄弟姐妹。

(8) 对长辈有意见时有礼貌地提出，不耍脾气，不顶撞。

5. 严于律己，遵守公德

(1) 遵守交通法规，不违章骑车，过马路走人行横道，不撞红灯。

(2) 乘公共车、船主动购票，给老、幼、病、残、孕妇及师长让路、让座，不争抢座位。

(3) 遵守公共秩序，购票购物按顺序，对营业人员有礼貌。

(4) 爱护公用设施、文物古迹。爱惜庄稼、花草、树木。保护有益动物和生态环境。

(5) 参观游览守秩序，瞻仰烈士陵墓保持肃穆。

(6) 观看演出和比赛做文明观众，不起哄滋扰，结束时鼓掌致意。

(7) 尊重外地人，遇有问路，认真指导。

(8) 见义勇为，对违反社会公德的行为要进行劝阻，发现违法犯罪行为及时报告。

四、中职学生综合素质评价管理办法

根据福建省人民政府《关于加快发展现代职业教育的若干意见》(闽政〔2015〕46 号)文件精神，福建省教育厅 2016 年 7 月发布了《福建省中等职业学校学生综合素质评价实施办法(试行)》，学校据此制定了《福建商贸学校学生综合素质评价实施细则(试行)》。

福建商贸学校学生综合素质评价实施细则(试行)

一、工作原则

坚持立德树人，培育和践行社会主义核心价值观，传承和弘扬中华优秀传统文化。

坚持全面发展，注重考察学生综合素质、职业素养和实践能力，引导学生德智体美劳全面发展，为学生终身发展奠定基础。

坚持关注成长，重视发掘学生职业潜能，加强学习规划和生涯规划指导，促进学生个性化发展与多样成才。

坚持事实依据，客观记录学生成长过程中的文化素质和职业技能，真实反映学生全面发展和个性特长情况。

坚持客观公正，建立综合素质评价审核制度，健全公示和举报投诉机制，确保评价结果真实反映学生在校表现。

二、实施时间

2017年起，对2017年及以后入学的学生，开始正式实施综合素质评价。

三、评价内容与分值

(一) 思想品德(25分)：主要考察学生在践行社会主义核心价值观、弘扬中华优秀传统文化等方面的情况，包括爱党爱国、理想信念、诚实守信、仁爱友善、责任义务、遵纪守法的表现以及遵守日常行为规范，参加党团、青年志愿、社会公益活动的情况等。

(二) 身心健康(20分)：主要考察学生的健康生活方式、体育锻炼习惯、身体机能、运动技能和心理素质，对艺术的审美感受、理解、鉴赏和表现能力等。

(三) 学业成绩(40分)：主要考察学生各门课程基础知识和专业技能的掌握程度，以及运用专业知识与技能解决问题的能力等。

(四) 能力素质(15分)：主要考察学生在技能竞赛、科技发明、创新创业、第二课堂实践等活动中专业技能、能力素质方面的表现情况等。

四、评价要素与办法

(一) 思想品德

思想道德评价积分 = 基础分 + 考评分 + 加分项分数 − 减分项分数

1. 基础分(12分)

(1) 爱党爱国，树立实现中国梦远大理想，积极参加时事政治学习和党团组织活动。总分2分。由班主任依据考评等级给分：A=2分、B=1.7分、C=1.5分、D=1.3分、E=1分。

(2) 践行社会主义核心价值观，内化于心，外化于行。总分2分。由班主任依据考评等级给分：A=2分、B=1.7分、C=1.5分、D=1.3分、E=1分。

(3) 树立优良公民意识和文明习惯，具备良好道德素质和法律素质，依法办事，友善待人。

总分 2 分。由班主任依据考评等级给分：A=2 分、B=1.7 分、C=1.5 分、D=1.3 分、E=1 分。

(4) 树立正确职业观和职业理想，热爱劳动，崇尚实践，奉献社会。总分 2 分。由班主任依据考评等级给分：A=2 分、B=1.7 分、C=1.5 分、D=1.3 分、E=1 分。

(5) 养成自尊、自信、自强、乐群的心理品质，心理健康，审美向上，人格健全，乐观积极。总分 2 分。由班主任依据考评等级给分：A=2 分、B=1.7 分、C=1.5 分、D=1.3 分、E=1 分。

(6) 树立安全意识、环保意识、节俭意识、廉洁意识，珍爱生命，尊重自然。总分 2 分。由班主任依据考评等级给分：A=2 分、B=1.7 分、C=1.5 分、D=1.3 分、E=1 分。

2. 考评分(10分)

德育考评分=德育课程分数+实训实习的品德等级分数。

(1) 德育课程总分 6 分。按照考试方式的德育课程分数(百分制)=德育所有课程平均分×0.1×0.6；按照等级评价方式的德育课程分数依次为：A=6 分、B=4.8 分、C=4.2 分、D=3.6 分、E=3 分。

(2) 实训实习的品德考评总分 4 分。依据实训实习指导老师的评定等级计算分数。其等级评定分数依次为：A=4 分、B=3.2 分、C=2.8 分、D=2.4 分、E=2 分。

3. 加分项(3分)

受校级以上综合表彰、奖励、授予荣誉称号(包括三好学生、优秀团员、优秀团干部、优秀学生干部，以及志愿者、社区服务、社会实践等优秀个人)等，可享受加分。具体为：校级 1 分、校际级 1.5 分、市级 2 分、省级 2.5 分、国家级 3 分。

同一学年度、同一项目获各级表彰的取最高得分，不重复加分。此项满分 3 分。

4. 减分项

凡因违反校规校纪受到处分或违反社会公德等受到有关单位通报批评的，按减分项所列扣相应分数，各项在基础分内扣除，扣完为止。具体为：受记过处分扣 2 分、严重警告处分扣 1.2 分、警告处分扣 0.8 分、通报批评扣 0.2 分。

(二) 身心健康

身心健康评价积分=身心健康基础分 + 体育考评分 + 加分项分数

1. 身心健康基础分(6分)

身体与心理健康及艺术素养良好。由班主任依据考评等级给分：A=6 分、B=5.1 分、C=4.5 分、D=3.9 分、E=3 分。

2. 体育考评分(10分)

根据学生在校期间体育成绩(百分制)的平均分折算而来。考评分=体育课成绩的平均分×0.1。因身体原因，经学校批准免修体育课的学生，其体育考评分按 6 分计。

3. 加分项(4分)

(1) 参加学校各类体育运动队、艺术团体并发挥积极作用的加 1.5 分；参加班级各类体育运动、艺术兴趣小组并持之以恒的加 1 分。

(2) 参加各级别体育、艺术比赛加分。其中，校级 1 分、县级(校际)2 分、市级 3 分、省级及以上 4 分。

同一学年度、同一项目获各级奖励的取最高得分，不重复加分。此项满分为 4 分。

(三) 学业成绩

学业成绩评价积分 = 学业水平考试成绩折算分(公共基础课程成绩/5 + 专业基础知识成绩 + 专业技能考试成绩)/3 × 0.3 + 顶岗实习综合成绩(由顶岗实习指导老师会同班主任评定：综合评价优秀计 10 分、良好计 8 分、合格计 6 分、合格以下计 4 分，未参加的不计分)。

(四) 能力素质

能力素质评价积分 = 基础分 + 加分项分数

1. 基础分(10 分)

积极参加各级各类职业技能竞赛、专业技能考证、科技发明、创新创业以及校内外社会实践活动等。总分 10 分。由班主任依据考评等级给分：A=10 分、B=8.5 分、C=7.5 分、D=6.5 分、E=5 分。

2. 加分项(5 分)

(1) 参加各级各类职业技能大赛，获三等奖及以上奖项的加分。校级 1 分、县级(校际)2 分、市级 3 分、省级 4 分、国家级 5 分。

(2) 参加"文明风采"、科技发明、创业创新等活动，获得三等奖及以上奖项的加分。校级 1 分、县级(校际)2 分、市级 3 分、省级 4 分、国家级 5 分。

(3) 策划和组织实施各类社会实践活动，并取得良好效果的，校级活动加 1 分/次、班级活动加 0.5 分/次。

同一学年度、同一项目获各级奖励的取最高得分，不重复加分。此项满分为 5 分。

五、综合素质总成绩评定与应用

(一) 总成绩评定

1. 综合素质毕业总评得分 = 思想品德积分 + 身心健康积分 + 学业成绩积分 + 能力素质积分

2. 综合素质毕业总评成绩采用五个等级呈现，由高到低依次为 A、B、C、D、E。总评得分 85 分及以上定为 A 级，84.9~76 分定为 B 级，75.9~68 分定为 C 级，67.9~60 分定为 D 级，60 以下定为 E 级。综合素质等级 D 级以上为合格。具有下列情形之一者，其等级为不合格：

(1) 综合素质等级总评 E 级;

(2) 受留校察看及以上处分者;

(3) 有违反四项基本原则言行，经教育不改者。

(二) 结果应用

1. 等级总评合格是学生毕业的必备条件。

2. 总评成绩是学校推荐就业和用人单位招聘的重要参考。

3. 总评成绩是高职院校招生录取的主要参考。

六、评价组织与实施

(一) 组织机构

1. 学校成立学生综合素质评价领导小组

组　　长：薛融

副组长：罗德兴、校企合作企业行业代表等

成　　员：徐新、李康、许知腾、廖艺鑫、各班主任、学生会主席等

2. 班级成立学生综合素质评价小组

组　　长：班主任

副组长：德育教师、企业代表、团支部书记、班长等

成　　员：科任教师、学生代表若干

(二) 评价实施

1. 评价安排：学生综合素质评价分为过程测评和毕业总评，过程测评在每学期末，毕业总评在学生毕业学期内完成。

2. 实施步骤：学生入学后在"福建省中职学生综合素质评价信息管理平台"建立综合素质信息档案，按照学期过程测评、毕业总评的顺序开展综合素质评价工作。

(1) 成长记录。学校建立学生成长记录制度，编制符合本校实际的《学生成长记录手册》，按学期指导学生客观记录反映综合素质内容的具体活动，收集相关事实材料(含证书、影像、照片及文字证明材料等)，并在"信息管理平台"内填报相关信息，如实建立学生成长档案。学校相关部门和社会机构需要事先确认即将导入"信息管理平台"的客观信息与数据。

(2) 分步评价。

① 过程测评。每学期末，学生科、班主任要指导学生整理、遴选并公示用于撰写自我成长小结和专业技能与职业素养专题报告等材料，确认材料真实性、有效性后，由学生录入"信息管理平台"，完成过程测评。

② 毕业总评。毕业学期内，学生科、班主任要组织学生开展毕业总评工作。首先由学生通过"信息管理平台"填写《福建省中等职业学校毕业生综合素质评价表》开展自评，经班级学生综合素质评价小组评议后，报学校综合素质评价领导小组办公室审查通过。

(3) 公示确认。学校审查通过后，由"信息管理平台"生成《福建省中等职业学校毕业生综合素质评价报告》(见附件)，经在学校公示无异议后，由学生、班主任和校长签字以及学校盖章后存档，并通过"信息管理平台"公布，供学生查询。

七、工作责任与管理

1. 明确责任分工。综合素质评价工作由学校统一领导，实行学生科、班主任、学生三

级管理制度，共同负责、协调、落实综合素质评价工作。学生科负责相关政策制定和业务指导，并做好"福建省中等职业学校学生综合素质评价管理平台"维护工作，班主任负责综合素质评价组织工作，教务科、专业课、团委等各相关部门和学生配合实施。

2. 强化规范管理。综合素质评价由学校组织实施。学校要建立健全学生成长记录制度，明确本校综合素质评价的具体要求。要注重在日常教育教学活动中，指导学生及时收集整理有关材料，并确保材料信息的真实性、有效性。

3. 建立公示与投诉制度。学校建立学生综合素质评价公示制度；对录入信息管理平台的学生信息(除涉及个人隐私的信息外)及评价结果及时公示。

对公示的综合素质评价内容有异议的，学生可向学校、学校主管部门和省教育厅逐级投诉。对学生、学校和社会机构的举报投诉一经查实，将取消相应成绩，并按照相关文件规定对责任人员予以严肃处理。

本办法由学生科负责解释。

附件

福建省中等职业学校毕业生综合素质评价报告用表见下。

(1) 基本信息表

学校(盖章):					
姓名		性别		出生年月	学生照片(与毕业证书同底，2寸、蓝底、正面免冠照)
籍贯		民族		政治面貌	
身体健康状况		家庭住址			
学籍号		身份证号			
邮　编		联系电话			
最想从事的职业(1～3项)		1	2	3	
最想报考的专业(1～3项)		1	2	3	
自我评价(介绍学生的个性特点、个人爱好、专业才能和发展潜能等方面的突出表现，结合典型事例说明学生的专业志向、职业兴趣和社会责任感等，500字以内)					

学校评价(审核确认学生自我评价的真实性；综合学生三年成长经历，对学生作出简要评价；200 字以内)

说明：① 报告中，除斜体字标示的个人隐私信息等外均需公示后录入；

　　　② 学生每个学期需记录典型事例，由学校公示后统一录入信息管理系统，毕业前学生结合每学期录入的典型事例撰写"自我评价"；

　　　③ "自我评价"主要记录市、县和校级奖励或证书，后面表格中的"先进个人荣誉称号""省级及以上奖励或证书""运动、艺术实践经历与水平""参加科技活动、取得创造发明、专利情况"等内容可不记录。

(2) 思想品德信息表

志愿服务(公益劳动、社团活动)次数	累计时间(小时)	获得表彰次数		
		国家级__次；省级__次；市级__次；县级__次；学校级__次		
军事训练(国防教育)		等次：□优秀 □良好 □合格 □不合格		
党团活动	起讫时间	级别	角色	组织机构
		□国家 □省 □市 □县级 □学校	□参与者 □主持者 □策划者	
个人荣誉称号	获奖年份	级别		评选单位
		□国家 □省 □市 □县级 □学校		
日常行为规范		等次：□优秀 □良好 □合格 □不合格		
违纪违规	违纪违规类别	违纪违规时间		
是否有犯罪记录		□是　　　□否		

说明：① 根据《福建省中等职业学校学生学籍管理和成绩考核办法(修订)》规定，对受学校处分，仍未解除的，或在最后一个学期受到学校处分的，记录在"违纪违规"栏目；

　　　② 对在校期间因违法犯罪被司法机关判处刑罚(含未收监执行)而学籍仍保留的违法犯罪学生，其违法犯罪记录应填"是"。

(3) 身心健康信息表

体育课程考试成绩		等次(三年总评): □优秀 □良好 □合格 □不合格
一年级		
二年级		
三年级		

运动经历与水平				
参加体育比赛项目	级别	主办单位	时间	名次或等级
	□国家 □省			
体育特长项目	等级	获奖时间		颁证单位

艺术实践与水平				
参加艺术活动项目	级别	主办单位	时间	名次或等级
	□国家 □省			
参加省级学生艺术团队名称	组织单位	起讫时间(年/月)	考核情况	
			□优秀 □良好 □合格 □不合格	

说明: 市级以下运动比赛和艺术实践的名次或等级可在"自我评价"中记录。

(4) 学业成绩信息表

类型	科目	修习课程成绩						学业水平考试成绩
		一年级		二年级		三年级		
		上学期	下学期	上学期	下学期	上学期	下学期	
公共基础课程	职业生涯规划							—
	职业道德与法律							—
	经济政治与社会							—
	哲学与人生							—
	心理健康							—
	德育							
	语文							
	数学							
	英语							

续表

公共基础课程	计算机应用基础						
	体育与健康						—
	艺术(美育)						—
	其他						—
	其他						—
专业基础课程							—
							—
	专业基础知识						
专业技能课程							—
							—
	专业技能考试						
选修课程							—
							—
	实习(实训)						

实习实训报告
请学生结合自己校内实训、顶岗实习和参加校内外技能大赛等专业技能学习经历,谈谈自己的专业技能学习体会(500字以内)
指导教师评语
请针对学生在专业技能学习过程中的态度和表现作出总体评价(300字以内)

说明: ① 公共基础课程、专业基础课程、专业技能课程、选修课程等成绩为每学期期末考试成绩或总评成绩,具体由学校确定,记录应与《学校成长记录手册》中内容相符;

② 学业水平考试成绩中,标"—"的表格不填写;

③ "指导教师评语"由指导学生专业技能实习的企业带教师傅、企业相关负责人、学校专业课教师或班主任填写;

④ 根据授课计划,学校可增添相应系列表格。

(5) 能力素质信息表

专业技能考证情况				
证书名称	级别	颁证单位	颁证日期	证书编号

参加各级各类技能大赛表现				
项目名称	级别	主办单位	获奖等级	获奖日期

参加科技活动、取得创造发明、专利情况				
参加科技活动项目	级别	主办单位	时间	名次或等级
	□国家 □省			
参加发明创造项目	专利类型	获得时间		专利号
	□发明 □实用新型 □外观设计 □其他			

说明：市级以下科技活动和发明创造项目名次或等级可在"自我评价"中记录。

(6) 信誉承诺表

本报告所提供的材料、信息及相关内容均真实、有效。学校、学生以及相关负责教师愿意为此做出信誉承诺。如有虚假，将取消相关成绩，并愿接受福建省中等职业学校学生综合素质评价相关制度的处理。

学生本人(签字): 　年　月　日	班主任(签字): 　年　月　日
校长(签字): 　年　月　日	学校(盖章): 　年　月　日

(7) 毕业总评成绩表

项目	分值	内　　容	得分	备注
思想品德 (25分)	基础分 (12分)	爱党爱国，树立实现中国梦远大理想，积极参加时事政治学习和党团组织活动(2分)		
		践行社会主义核心价值观，内化于心，外化于行(2分)		
		树立优良公民意识和文明习惯，具备良好道德素质和法律素质，依法办事，友善待人(2分)		
		树立正确的职业观和职业理想，热爱劳动，崇尚实践，奉献社会(2分)		
		养成自尊、自信、自强、乐群的心理品质，心理健康，审美向上，人格健全，乐观积极(2分)		
		树立安全意识、环保意识、节俭意识、廉洁意识，珍爱生命，尊重自然(2分)		

项目	分值	内　　容	得分	备注
思想品德 (25分)	考评分 (10分)	德育课程分数 = 德育课程平均分×0.1×0.6 或按等级制折算：A = 6分、B = 4.8分、C = 4.2分、D = 3.6、E = 3分； 参加实训实习的品德评定分数：A = 4分、B = 3.2分、C = 2.8分、D = 2.4、E = 2分		
	加分项 (3分)	受校级以上综合表彰、奖励、授予荣誉称号(包括优秀团员、优秀团干部、优秀学生干部、志愿者、社区服务、社会实践等优秀个人)等，同一事项获各级表彰的取最高得分，不重复加分。加分标准：国家级及以上3分、省级2分、市(县)级1.5分、校级1分		
	减分项	凡因违反校规校纪受到处分或违反社会公德等受到有关单位通报批评的，按扣分项所列扣相应分，各项在基础分内扣除，扣完为止。受记过处分2分、严重警告处分1.2分、警告处分0.8分、通报批评0.2分		
身心健康 (20分)	基础分 (6分)	身体健康、心理健康状况良好(6分)		
	考评分 (10分)	体育成绩=在校期间体育课成绩平均分×0.1。因身体原因，经学校批准免修体育课的学生，其体育成绩按6分计		
	加分项 (4分)	参加学校各类体育运动队和艺术团体，并发挥积极作用的加 1.5 分；参加班级各类体育运动兴趣小组，并持之以恒的加1分；参加各类体育、艺术比赛获得名次加分：校级1分、县级1.5分、市级2分、省级3分、国家级4分		
学业成绩 (40分)	学业成绩 (40分)	以学业水平考试成绩和实习成绩为基础折算得到。学业成绩积分 = 学业水平考试成绩(公共基础知识成绩/5 + 专业基础知识成绩 + 专业技能考试成绩)/3×0.3 + 顶岗实习成绩(实习总评优秀的计 10 分、良好的计8分、合格的计6分、合格以下的计4分，未参加的不计分)		
能力素质 (15分)	基础分 (10分)	积极参加学校、班级组织的志愿者服务、社区服务、社会实践等各项校内外活动的记基础分10分		
	加分项 (5分)	参加职业技能比赛获得三等奖及以上奖项的加分。校级1分、县级2分、市级3分、省级4分、国家级5分。 参加"文明风采"、科技发明、创新创业等活动获得三等奖及以上奖项的加分。校级1分、县级2分、市级3分、省级4分、国家级5分。 策划和组织实施学校各类社会实践活动，并取得良好效果的加分。加分标准：校级1分/次、班级0.5分/次		
综合评价总分		综合素质评价总分 = 思想品德积分 + 身心健康积分 + 学业成绩积分 + 能力素质积分		
综合评价等级		综合素质评价分为 A、B、C、D、E 等5级。按综合素质得分高低评定相应等级		

学生：　　　　　　班主任：　　　　　　校长：

五、学生考勤管理办法与请假制度

1. 课堂考勤管理办法

(1) 考勤时间：周日晚至下周五下午课堂时间，每天按九节课点名：第一节为早操，第二到第七节为教学课，第八节为 19:00 看新闻联播，第九节为晚自习；学校规定必须参加的班会课、班级活动或全校性大型活动，按相应节数计。

(2) 考勤方式：分别由各有关老师、管理人员负责进行点名。早操由学生管理老师组织学生会干部点名；课堂教学课由任课老师点名；在第二到第七节内所排的自习课、学校规定必须参加的班级活动或全校性活动，由班级学习委员点名；第八节看新闻联播与第九节晚自修由晚督修值班老师点名。

(3) 考勤统计：点名不在的，记为旷课。病、事假凭请假条由考勤统计部门核销，迟到、早退累计三次按旷课一节计。迟到、早退的认定:凡上课铃响后进入教室者按迟到计；下课铃响或任课老师示意下课前离开教室者按早退计；凡迟到、早退超过 15 分钟(包括未经批准中途离开教室又返回教室者)按旷课计。

(4) 旷课的处理：

① 旷课现象严重、屡教不改的学生，给予纪律处分：一学期旷课累计达 30 节以上者，给予警告处分；旷课累计达 45 节以上者，给予严重警告处分；旷课累计达 60 节以上者，给予记过处分；旷课累计达 75 节以上者，给予留校察看一年处分；旷课累计达 90 节以上者，给予责令退学、开除学籍处分。

② 一学期缺勤累计超过本学期考勤时间三分之一以上者令其休学。

③ 擅自离校连续两周以上者，给予勒令退学处理。

2. 请假制度

(1) 请病假需医疗部门签注意见或附有医院疾病证明书，两天内由班主任审批；三至七天由班主任签注审核意见后，报学生科科长审批；请假七天以上还需报分管校长审批。

(2) 学生一般不得请事假，如有特殊情况需请假，须由学生家长向班主任提出申请，一天内由班主任审批；二至三天由班主任签注审核意见后,报学生科科长审批；三天以上(不含三天)还须报分管校长审批。

(3) 学校重大集体活动、周末及节假日提早离校或推迟返校的请假，须由班主任签注意见后，报学生科科长审批。

(4) 请假期满，仍不能按时返校参加学习的，应按请假程序办理续假手续。不及时办理续假手续者，按旷课论处。

(5) 考试时间请假，需另向教务科提出申请，报分管校长审批。

六、社会主义核心价值观与八不行为规范

1. 社会主义核心价值观

习近平总书记指出："要大力培育和弘扬社会主义核心价值体系和核心价值观，加快构建充分反映中国特色、民族特性、时代特征的价值体系。"

2013 年 12 月 23 日，中共中央办公厅印发的《关于培育和践行社会主义核心价值观的意见》明确了培育和践行社会主义核心价值观的重要意义和指导思想，要求加强对培育和践行社会主义核心价值观的组织领导，加强社会主义核心价值观宣传教育，开展涵养社会主义核心价值观的实践活动，要在全社会积极培育和践行社会主义核心价值观，要加大宣传力度，同时要以诚信建设为重点，加强社会公德、职业道德、家庭美德、个人品德教育，让每个人都感觉到核心价值观与自己有密切联系。把培育和践行社会主义核心价值观融入国民教育全过程，从小抓起，从学校抓起，把培育和践行社会主义核心价值观落实到经济发展实践和社会治理中，让每个人都了解、认同社会主义核心价值观，从而自觉自愿践行。

社会主义核心价值观包含三个层面。一是国家层面的价值目标：富强、民主、文明、和谐；二是社会层面的价值取向：自由、平等、公正、法治；三是公民个人层面的价值准则：爱国、敬业、诚信、友善。

同时《宪法》规定，国家倡导社会主义核心价值观，提倡爱祖国、爱人民、爱劳动、爱科学、爱社会主义公德，在人民中进行爱国主义、集体主义和国际主义、共产主义的教育，进行辩证唯物主义和历史唯物主义的教育，反对资本主义的、封建主义的和其他的腐朽思想。

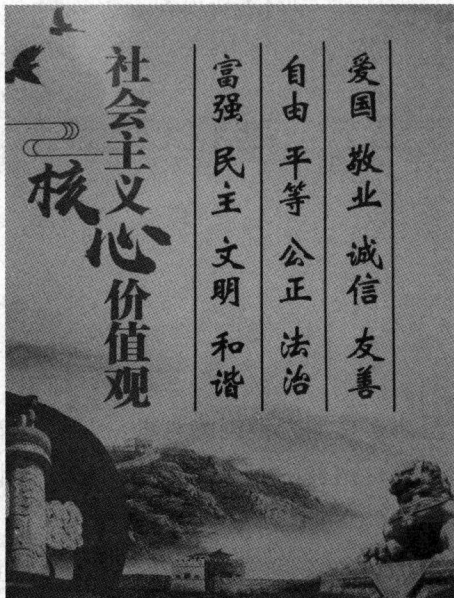

社会主义核心价值观

2. 八不行为规范

倡导八不行为规范，践行文明风尚，争做文明公民，从你我做起。向不文明现象宣战，争做文明学生，创建文明校园。

八不行为规范包括：安全出行不违规，垃圾分类不落地，节俭用餐不浪费，红白喜事不奢办，言谈举止不粗俗，文明上网不低俗，旅游观光不任性，经济生活不失信。

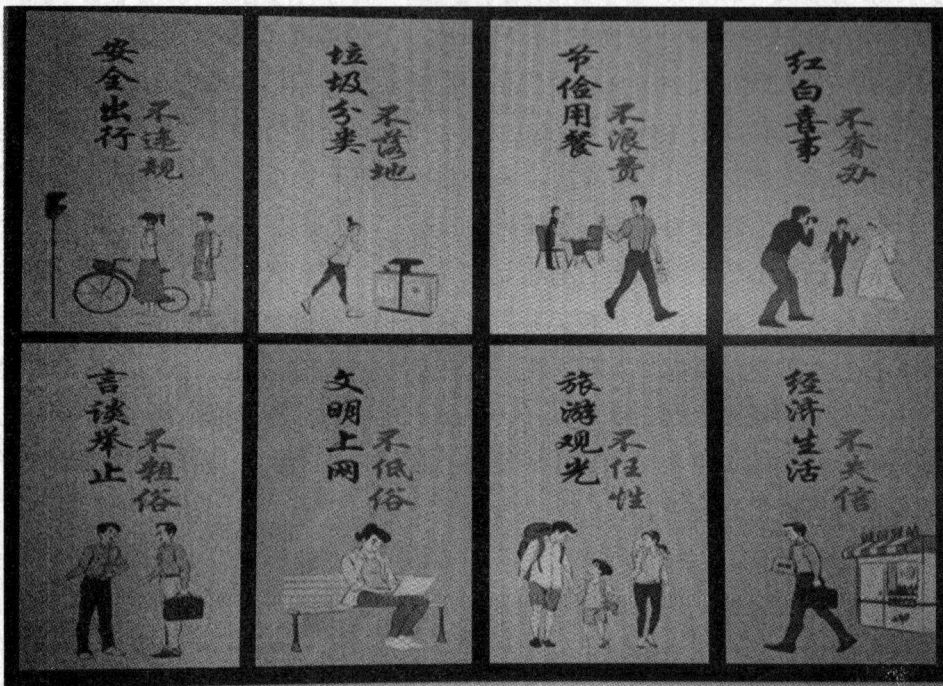

八不行为规范

第二节　文明礼仪与素养

一、礼仪的含义与作用

1. 礼仪的含义

文明是社会进步的重要标志，文明是学校的风景，创建"文明校园"关系你我他。加强文明礼仪和行为规范养成教育，培养中职生的礼仪意识，在礼仪行为养成中学会做人，构建和谐文明校园，对促进中职生文明素质提高具有重要意义。

我国是一个具有五千多年历史的文明古国、礼仪之邦。源远流长的中华礼仪文化是中华优秀传统文化的重要组成部分。我国古代教育家孔子曰："不学礼，无以立"，中国礼仪体现的是一种德：温、良、恭、俭、让。

"礼"是人类所表达的对某一件事物的内心敬重。经过长期的历史发展与演变，现在我们所说的"礼"，通常是指人们在长期的生活实践中约定俗成的行为规范与准则。现代的礼学体系包含了礼貌、礼节、礼仪等内容。礼的核心是礼貌，礼的形式是礼节，礼的规范是礼仪。

礼仪是指人们在社会交往中由于受历史传统、风俗习惯、宗教信仰、时代潮流等因素的影响而形成，既为人们所认同，又为人们所遵守，用于表示尊重、亲善和友好，以建立和谐关系为目的的各种符合礼的精神、要求的行为规则和惯用方式的总和。在社会交往中，礼仪可以有效地展现一个人的教养、风度与魅力，是一个人的修养、学识和价值的外在表现，通过礼仪教育与训练，将提升我们的道德素养，展示人格魅力，塑造更加完美的个人良好形象。礼仪素质是每一个职业劳动者所应具备的基本素质。

2. 礼仪的作用

在现代人类社会中，尽管人们拥有平等的人格，但在交往中因为不懂礼仪规范而手足无措、闹出笑话，甚至导致矛盾冲突的也大有人在。因此，礼仪在复杂的人际关系中如何表现、欣赏和发展自己，创造一个和谐的人际环境，从中享受人际交往的乐趣，帮助一个人树立适应周围环境或现实社会的良好、积极的心态方面有重要作用。

(1) 促进沟通交流。在现代社会交往中，人们通过自觉执行相应的礼仪规范，使交往双方彼此清晰地感受到对方的尊重、友好、善意与礼遇，有利于增进双方的好感、理解与信任，促进双方之间的情感沟通与交流，以利建立良好的人际关系，促进友好合作关系的进一步发展，帮助人们取得事业的成功。

(2) 塑造良好形象。在人际交往中，你的言行举止(语言、行为、动作、态度等)会立刻让对方对你的印象做出初步判断。如果你遵守良好的礼仪规范，则可以帮助你树立良好的形象，觉得你有素质和修养，给人以亲近感或好感。反之，则会给人留下不好的印象。

(3) 规范约束人们行为。礼仪一经制定推行，久而久之，便成为某个社会约定俗成的行为规范，在社会交往中约束人们的态度与动机，规范人们的行为方式，对维护正常的社会秩序发挥重要作用。

(4) 倡导、教育，提高自身修养。礼仪习俗反映的是我国民族的传统美德与优良品质。在社会交往中，倡导、教育人们通过礼仪的学习应用，建立良好的人际关系，维护社会正常秩序，提升人们的气质风度、道德情操和精神面貌，形成良好的社会风尚。

(5) 凝聚共识、协调人际关系。在复杂的现实生活中，有时会因你的一些行为表现而与别人发生矛盾与冲突，甚至可能引发极端行为。良好的礼仪应用，可以促使矛盾各方保持冷静，缓解矛盾的激烈强度，通过平心静气的沟通协调，使各方彼此建立尊重与信任，帮助各方凝聚共识，化解矛盾，以利于各项事业的发展。

二、校园基本礼仪

1. 进校园礼仪

校园是一个既庄严又活泼、既紧张又文明的环境，进入校园预示着一天生活的开始，在校园内不仅要努力学好文化知识与专业技能，还要讲礼貌，懂礼仪，努力提高自身综合素养，争当礼仪之星，争做一个文明好少年。

(1) 准时到校，遵守门卫管理制度，进校门时应刷卡考勤，并向值班老师(保卫人员)立正鞠躬问好，如"老师好"。人多时，可以点头示意问候；见到执勤的同学，可点头致意，招手问好。

(2) 学生必须穿校服来校，头发干净整齐，不烫发、染发、佩戴首饰，男生不留长发，女生不穿高跟鞋，学生不化浓妆，不穿拖鞋进校。

(3) 严格遵守交通法规，不闯红灯，骑车时不撑雨伞，不相互追逐，禁止骑电动车入校。如果是骑自行车来校，进校门时应下车牵行，自行车要存放在指定的地点，不乱停、乱放，严禁在校内骑车、带人。

(4) 进校后保持安静，不喧哗，不奔跑，不在教学区域内打球或踢球。

(5) 自觉保持校园整洁，不随地吐痰、不乱丢垃圾。

(6) 爱护标语牌、警示牌、格言牌和花草树木。不在黑板、墙壁和课桌椅上乱涂、乱画、乱刻；不践踏草地，节约用水用电。

(7) 在校期间有事首先联系班主任，若联系不到班主任及时找当日值班领导。有特殊事件或发现违纪违规行为或安全隐患应及时向老师报告。维护校园纪律、安全人人有责。

2. 师生交往的礼仪

尊敬师长是中华民族的传统美德，也是对学生最基本的文明要求。在与老师的交往中，尊敬老师、礼貌待师是一个学生应具有的最起码的道德品质与基本要求；掌握一定的礼仪与交往技巧，善于与老师沟通，是学生要学习的一项重要能力。良好的师生关系，不仅有利于提升同学们的学习质量，同时也有利于同学们的身心健康与职业发展。

(1) 尊敬师长。学生平时要注意仪容整洁、举止有礼。遇见老师应主动停下，面带微笑，微微鞠躬主动打招呼行礼，如说"老师好!""您好!"等。

(2) 有事进教师办公室应先敲门或打招呼(如喊报告)，经老师允许后(如听到"请进")方可进入；进办公室内不要随意翻阅办公桌上的东西。如果要翻看有关书刊或资料，应先征得老师或办公室工作人员的同意才可。离开办公室时，要和老师说"再见"，如办公室内还有其他老师，离开时应向其他老师致敬。

(3) 在校园内或上下楼梯与老师相遇时，应让老师先行，并主动向老师行礼问好。遇到年老体弱的老师在做较重的体力劳动时，应主动帮忙。

(4) 在校园内遇到来宾时要主动问好致意，主动让座、让路，答问时应礼貌、态度谦虚诚恳，如实作答。家长或亲友来校遇到老师时，应主动在家长和老师间作介绍。

(5) 与老师谈话时应立正，在教室座位上与老师谈话应起立，得到老师允许后，再坐下听讲。领奖或向师长交物品时，应双手接交，表示尊敬。

(6) 在校外遇到老师时，应主动和老师打招呼问好，不得故意回避。

(7) 尊重老师的劳动，听从老师的教诲。对老师的提醒和批评，要虚心接受，不得顶撞，如有不同意见，可在课后与老师交流想法，以获得老师的理解与支持。

(8) 到老师家拜访要事先约好，并说明拜访事由，以便老师事先做好准备。拜访老师时要注意以下方面：

① 选择适当的拜访时间，早上不宜太早，晚上不要太迟，白天要尽量避开吃饭和休息时间。

② 守时践约，按约定时间准时到，不要提前，更不能迟到；若因不可克服的原因导致迟到了，要想方设法提前告知老师并诚恳道歉；若确实无法提前通知到老师的，过后一定要专门道歉，争取老师的理解与谅解。

③ 登门拜访，到老师家门口时，要先按门铃或轻轻地有节奏地敲门；老师开门后要礼貌地问候老师，待老师请你进门后再进门。进屋后，如果发现屋里还有其他人应向其他人点头致意。

④ 进屋后东西不要乱放，等老师请你入座后再坐下，并向老师谢座。

⑤ 拜访时间不宜太久，一般以半个小时左右为佳。到了吃饭、休息时间应告辞；或老师家里有其他客人来访时，也应立即告辞。

⑥ 告辞时要遵从"先谢后辞"的礼仪规范，即先恭敬礼貌地对老师的帮助指教表示感谢，然后辞行说"再见"。如果老师要相送，应立即请老师留步。

3. 同学交往礼仪

同学之间交往也要讲究礼仪规矩，如果我们每一个人都教养有素，礼貌待人，处事有节，我们的生活就会更多一些愉悦和美好，而国家、社会就更多一些有序与文明。如果同学之间有矛盾，要多进行自我反省，做到互相理解、宽容待人。这样同学的友谊就更深厚，班级也将更团结、更有凝聚力。

(1) 同学间说话要有分寸，礼貌相待，与人为善。同学之间，每天初次见面，也要以礼相待，相互主动打招呼问好。说话和气，待人有礼；不说脏话、粗话，不骂人，不说伤害同学的话，不做对同学无理的事。

(2) 借钱物及时归还，礼尚往来。借用其他同学的学习和生活用品时，应先征得同意后再拿，用后及时归还，并要真诚表示感谢；借他人钱款要及时归还，如遇特殊情况无法按时归还的，应及时向对方主动说明情况争取对方的理解与支持。这样，人际交往才能在平等友好的良性循环中持续下去。

(3) 同学相处要谦虚、互助，明礼修身。同学之间要谦让有礼，相互照顾帮助。对于同学遭遇的不幸、偶尔的失败、学习上暂时的落后等，不应嘲笑、冷笑、歧视，而应该给予热情的帮助。对同学的相貌、体态、衣着不要随意评头论足，也不能给同学起带侮辱性的绰号，不能嘲笑同学的生理缺陷。

(4) 同学之间要相互尊重、团结友爱、和睦相处。男女同学交往要相互尊重，保持一定距离，谈吐要文雅，举止要文明得体，不能轻浮；开玩笑要讲究分寸，不宜动手动脚打打闹闹，以免产生误会。同学之间不以大欺小，不以强凌弱；严禁对同学实施欺凌、人身攻击，打架斗殴，聚众闹事等违纪违法行为。

(5) 诚实守信，言行一致，有错就改。答应别人的事要按时做到，言行一致；有求于同学时，要说“请”“谢谢”“麻烦您”等，并表示感谢。外出时要礼貌待人、谦虚好学，展现商贸学子的风采，维护学校声誉。

三、公共场所礼仪

公共场所是供全体社会成员进行各种社会活动的公共活动空间，如车站码头、公园、图书馆、市场、商场等，具有共用性和共享性特征。这就要求我们在公共场所中要按照公共场所的礼仪礼节来规范自己的行为，从而保证参与公共活动的人们相互尊重、相互体谅，维护文明和谐的社会环境。在公共场所中，良好的礼仪修养不仅能够保持个人的尊严，还有助于进德修业，是一个人修养、文明程度与魅力的综合表现。

1. 公共场所一般礼仪

(1) 衣着整洁，仪表端庄、大方、干净。正所谓：“冠必正，纽必结，袜与履，俱紧切。”这些古训要求我们在公共场合要穿着合适的服装及其搭配，衣着要整洁，头发鞋袜要整理干净，不可杂乱，不可赤膊，不可奇装异服，不穿拖鞋短裤。

(2) 行为举止要得体。在公众场合要特别注意个人形象，行为举止要文明得体，不可轻浮，不可猥琐，应该庄重、文雅而又从容，做到“站如松，坐如钟，行如风，卧如弓”。公共场所人多，一般不要多人并排行走，以免阻挡、妨碍他人通行；不可手舞足蹈，以免发生意外。

(3) 言语辞令要文明。语言是人们思想、情操和文化修养的一面镜子。公共场合用语要文明，声音要适度，不可大声喧哗、嬉笑打闹，不可满嘴脏话、秽言污语。

① 见到长辈、友人或初识者应尊称“您”，对师长、社会工作人员要称呼职务或“老师”“师傅”“叔叔”“阿姨”等，不能直呼其姓名。

② 对他人提出要求时说“请”；与人打招呼时说“您好”；与人分手时说“再见”；给人添麻烦时说“对不起”；别人向自己致谢时回答“没关系”；得到别人帮助表示感谢说“谢谢”等。

(4) 见面握手有讲究。握手是一种沟通思想、交流感情、增进友谊的重要方式。在公共场合与他人握手时，应目光注视对方，微笑致意，不可心不在焉、左顾右盼；也不可戴帽子和手套与人握手；一般情况下要站立握手，以示对他人的尊重、礼貌。

(5) 保持公共卫生。不要随地吐痰，如要吐痰，则应到卫生间吐；或应把痰吐在纸巾上，然后扔到垃圾桶内。不要乱扔果皮纸屑，果皮纸屑等垃圾应随手扔到指定垃圾桶内。不可当众嚼口香糖，切勿将口香糖随地乱吐或黏在公共设施上。

(6) 爱护公物，遵守社会公德。爱护公共场所设备设施，不踩踏花草、毁损公物。

(7) 尊老爱幼。尊老爱幼是人的传统美德，在公共活动中，老人和小孩往往都是弱势群体，大家应该给予更多的照顾与关爱，带去文明的春风。

(8) 礼让女士。在公共场所，应当礼让女士、尊重女士，遵循"女士优先"的原则，充分展现一个男子汉的气质与绅士风度。

2. 课堂礼仪

良好的课堂礼仪对老师顺利完成教学工作，增进师生友谊大有帮助。遵守课堂礼仪是一个学生最起码的文明礼貌，同时它直接关系到一个班的荣誉与凝聚力，体现了这个班的班风班貌。

(1) 上课铃响之前，学生应先进教室，做好准备，静候教师前来上课。如果迟到，应在教室门口喊"报告"，得到老师同意后方可进入教室，进教室后，应快速坐好，并保持安静。

(2) 上课：上课铃声一响，学生应端正坐好，恭候老师上课，当教师宣布上课时，全班同学应迅速起立，向老师问好，待老师答礼后，方可坐下；上课时应保持衣容整洁，衣着大方，不能穿背心、三角裤头、拖鞋进入教室。

(3) 听课：课堂上应认真听老师讲解，注意力集中，重要的内容应做好课堂笔记；当老师提问时，应该主动举手，待老师点到名字时起来回答，发言时，身体要立正，态度要诚恳，声音要清晰响亮，并且使用普通话；向老师请教提问要用"请问"，老师给你解答后应主动表示感谢；课堂上不准玩手机、听音乐。

(4) 下课：老师宣布下课时，全体同学需起立，与老师互道"再见"。待老师离开教室后，学生方可离开。有领导或教师来班级听课时，要让师长先走，全体学生起立迎送。

(5) 对课堂教具、设备应爱惜爱护，不得污染、损坏，不得在桌凳上乱写乱画。离开教室时要随手关灯、并关好门窗。

3. 宿舍礼仪

(1) 讲究公共和个人卫生。宿舍内外卫生要保持整洁，根据值日排班主动经常打扫；换下的脏衣服、脏鞋袜要及时洗干净晾晒好，以免影响宿舍的空气质量；被褥要折叠整齐美观，箱子、衣服、鞋子、日用品等应放在指定位置；不往窗外或楼下倒水、扔东西、吐口水。

(2) 遵守作息制度。按时起床、熄灯就寝。熄灯后不得谈话、打闹，不得进行体育或其他活动，以免影响他人休息。

(3) 讲究文明，关心同学，先人后己。集体宿舍人多，同学之间要相互礼让，讲究文明，不说脏话粗话，严禁吸烟、喝酒、赌博。不得私自翻看别人日记、信件、物品等，不得打听别人隐私。

(4) 到他人宿舍，应先敲门，得到允许后方可进入，不要随便在他人的床上坐卧。非经教师同意，男、女生不准互串宿舍。

(5) 爱护公共财物和他人财物。爱护宿舍设施设备，严禁在宿舍私接电源、使用电炉等电器设备。文明用厕，爱护卫生设施，损坏设施应主动赔偿。

(6) 对来拜访的同学要礼貌友善，对同学的家长来访要热情周到地接待，当同学有亲友来访谈论私事时，其他同学应主动回避。

4. 食堂就餐礼仪

学校食堂是学生生活的重要场所，也是学校精神文明建设的重要窗口。食堂因为就餐人数较多，就餐时间较为集中，一般会造成工作人员较为繁忙，作为学生应当自觉遵守食堂用餐礼仪规矩，展现学生文明风采。

(1) 遵守就餐时间，并自觉排队。到食堂就餐要遵守学校就餐时间，养成自觉排队的良好习惯，不要拥挤，不要插队，要相互礼让；当遇到老师或生病的同学就餐时，应让老师或病号优先，维持良好就餐秩序。

(2) 尊重食堂工作人员的劳动。如饭菜或工作人员态度有问题，应态度诚恳地和工作人员交流，不可争吵、辱骂工作人员，避免产生误会而发生争执；如问题得不到解决，应找学校相关部门解决。

(3) 爱惜粮食，切勿浪费。根据个人饭量点餐、取餐，实施光盘行动，注重节俭，不能浪费，不乱倒剩菜剩饭。点餐吃饭要有度，不能暴饮暴食。

(4) 如果和师长、长辈在一起用餐，要请长辈先入座，然后自己再入座。

(5) 就餐时保持安静，文明就餐，不大声喧哗、打闹，不敲击碗筷，不随意奔跑走动，防止发生碰撞把饭菜洒在地上或烫伤。

(6) 用完餐后应主动将餐具带到收餐台，吃不完的食物应倒入指定的容器中，保持就餐位置干净。

(7) 注意饮食卫生。饭前应洗手，保持就餐环境卫生，不在餐厅乱扔杂物纸屑，不随地吐痰、吸烟；就餐完不要用手擦拭油腻的嘴，应该用餐巾纸擦拭。

(8) 爱护食堂公物，不随意挪动食堂餐桌及相关设施，不损坏食堂餐具，不在餐桌上乱刻乱画。

5. 乘坐公交车礼仪

现代城市道路交通繁忙，行人与车流量都很大，出行时，公交车成为我们必不可少的交通工具。为了确保交通安全，乘坐公交车时，我们每个人除了遵守交通法规外，还应当遵守一定的交通文明礼仪，共同构建安全、和谐、文明的乘车环境。

(1) 候车时要在站台或指定地点等候车辆驶来，不可站在车道上候车，容易发生危险。

(2) 自觉排队候车。等车辆到达站点停稳后，按排队先后顺序上车，不要拥挤、争抢。如遇太拥挤的车辆，不要上车等下一辆，若强行攀挤上车，容易发生危险。上车时如果有老、弱、病、残、孕等需要照顾的人员，请主动让他们先上车。

(3) 乘坐公共汽车，应事先准备好零钱并自动投币或刷公交卡(乘车码)。

(4) 上车后，请迅速找到座位就座；如果没有座位，就尽量往里面走，并站稳扶好，不要站在车门口，以免堵住后面的乘客上车。主动给老、弱、病、残、孕及抱婴者让座，注意妥善保管好所带财物，不要把头、手、胳膊伸出窗外。

(5) 遵守公共道德，不要在车内嬉戏、大声喧哗，不得吸烟随地吐痰、乱扔果皮纸屑等杂物，不要为同伴预占座位，不要做妨碍驾驶员正常驾驶的举动。

(6) 到站下车之前，请提前做好准备，以免在乘客拥堵时被堵在车中间影响下车。

(7) 请按规定上下车。一般由前门上车，后门下车。先下后上，不要争抢。

(8) 树立交通安全意识。下车后，不要直接从车前或车后横穿过马路，容易发生危险；要等车开走后，绿灯亮起时从人行道过马路，确保交通安全。

6. 接打电话礼仪

当今社会，生活节奏越来越快，电话、微信等网络通信手段也越来越发达、便捷。早先以书信往来为主的通信联络方式渐渐被电话、微信等现代通信方式所取代。电话成为人们交往交流中最常用、最方便的一种通信方式。同学们在日常电话交流中，如果能够熟知并遵守电话礼仪，熟练掌握电话接通技巧，不仅可以赢得对方的好感与尊重，塑造自己良好的形象，展现自己的修养，还能为将来就业打下良好的基础。

1) 打电话礼仪

(1) 选择恰当的时间。拨打电话应选择对方方便的时间，非特殊情况，休息和用餐时间一般不宜打电话；用餐时间前半个小时，如果你不请人家吃饭的话不宜打电话；给海外人士打电话，先要了解时差。

(2) 姿势端正，微笑说话。打电话时保持正确的姿势可以使自己舒服、放松，从而保持一个良好的心境；微笑接听在于调节自己的情绪，保持愉快的心情，从而在打电话时态度和蔼、语气亲切、声音温柔，给人以良好的印象。

(3) 礼貌问好，自报家门。打电话的开头语会直接影响对方对你的态度和看法，所以一定要礼貌谦逊，如："老师好！""您好！""麻烦您"等；再自报家门、说明事由，如：我是某某某，因为什么事情请你帮助(帮忙)，等等。

(4) 言简意赅，吐字清晰。打电话前应充分准备想好通话内容，通话时应当简明扼要，宁短勿长，勿煲电话粥。如果谈话内容较多，应先询问对方有没有时间、方不方便长谈；若不方便，应另行约定通话时间。打电话说话时要准确清晰，语速适中，声音适当，声音太高则震耳，且对方会认为你素质低，声音太低则对方难以听清，要根据当时的环境调整声音的高低。

(5) 通话过程中，对方讲话时，应让对方感到你在专心听讲，要学会配合对方谈话，时有呼应语言，如"是的""好的""嗯""请继续说"等，不要长时间保持沉默，不要和他人谈笑。如确实不得已有急事要商谈，应向对方道歉，说"对不起"，并请其稍候，然后用手捂住听筒与他人谈话，商谈结束后即再与对方通话。如果处理急事需要较长的时间，则不能让对方等太久，应礼貌地告诉他："对不起"，你有急事要处理，可能需要较长时间，约定急事处理完后再打电话给他。

(6) 打错电话要道歉。打错电话时，打错的一方要主动道歉，说：对不起，我打错了，打扰您了等，既显示您的个人涵养，又能取得对方的理解与好感。

(7) 电话中断要重拨。如果打电话过程中突然通话中断了，应由打电话的一方立即重新拨号，并向对方道歉："对不起，不知道什么原因电话断了。"

(8) 注意打电话的环境。打电话时要注意场合环境，有些地方是不允许使用手机的，如加油站、剧院、火车行李站等禁止使用手机。在酒吧、影剧院、餐桌等场合也不宜打电话，如果必须打电话时，要离开公共区域，到僻静处打较为妥当。

(9) 电话结束要谢别。电话结束以前要礼貌地向对方表示感谢与道别。挂电话前，向对方说声："请您多多指教""抱歉，在百忙中打扰您""再见""谢谢"等，会给对方留下好的印象。通话结束，一般要等对方挂掉电话后再挂断，或应等地位高者、长者先挂机后再挂断电话。

2) 接电话礼仪

(1) 及时接听电话。听到电话铃声，一般在铃响三遍之内接听电话比较合适，如果因为各种原因超过五声才接听，接听时首先要和对方说："对不起，让你久等了。"若铃声响起很久不接电话，会让对方误以为没人在而挂掉电话，经常这样会给人留下不好的印象。

(2) 礼貌问候，说话谦和。接起电话时首先是礼貌问候语，如"您好"，给人以热情、亲切的感觉，然后自报家门。接电话时要调整心态、微笑接听，态度要热情、友好、和善，语言婉转文明，注意声音和表情，让对方觉得轻松和舒适，留下好的印象。当听不清楚对方讲话时，应礼貌地告诉他："对不起，刚才有点吵没听清楚，麻烦您再说一遍"，则对方会耐心细致地再说一遍。

(3) 不要随便让别人替自己接电话，这样对方会觉得你在怠慢他，不礼貌。如果说话不方便，应当告知对方过一会儿打过去，或者和对方约定另外时间再打过来。

(4) 来电话时，如果有外人正在和你谈话，也要接听电话，但接电话时要说明身边有谁在，暗示对方不能说深层次或私密问题，然后主动提出另外约时间再打给他。

(5) 选择合适的时间。给单位打电话，要尽量避免在刚上班或快下班的时间段打，因为接听电话的人可能会不耐烦，进而影响通话效果。给家庭打电话最好不要在吃饭或休息的时间打，晚上也不宜太晚，以免影响别人休息。

(6) 及时回电话。如果发现有未接听的电话，一般要主动回电话，当然，陌生的电话不再此列。如果别人打电话没有找到自己，或者别人传达要你速回电话的消息，一定要按时回电话。如果不能及时回电给对方，一定要在回电时首先向对方道歉。

(7) 接到打错号码的电话，要宽容与理解，要态度温和礼貌地告诉对方打错了，如有可能，尽量给对方提供帮助，不要当面训斥、生气动怒，甚至出口伤人。

(8) 结束通话时，应友善地感谢对方，如"谢谢您，再见"等，并让对方或尊者或者长辈先挂机，然后再挂断电话。

(9) 公众场合手机要尽量换成振动模式，若没有换成振动模式，音量要尽量调节小一些。公共场合手机拍照功能不要乱拍别人；不用移动电话传送重要信息，重要信息最好面谈。

四、中职生应具备的素养

素养是一个人应具有的素质和修养。素质是在先天禀赋的基础上，通过环境和教育的影响而形成和发展起来的相对稳定的内在的基本品质。中职学生在校期间应以提高自身综合素养为目标，以自我全面发展为努力方向。中职生就业必须具备良好的基本素质，以增强就业的砝码，加大就业的机会。

中职生应具备以下的基本素质。

1. 过硬的思想政治素质

中职教育作为培养社会主义现代化建设生产一线的高素质技能应用型人才的学校，必须围绕培养什么人、怎样培养人、为谁培养人这一根本问题落实立德树人的根本任务。其培养的学生政治素质如何，政治方向是否正确，直接关系学生能否积极投身到社会主义现代化建设中去，能否以实际行动报效祖国。中职学生在熟练掌握特定专业技能的同时，一定要具备良好的思想政治素质。

(1) 树立坚定、正确的政治方向。政治方向决定了培养什么样的人和人的发展方向，作为中职学生，要坚定理想信念，保持政治上的清醒，坚持正确的政治方向，深入学习习近平新时代中国特色社会主义思想，贯彻执行党的路线、方针、政策，提高政治敏感性与鉴别力，树立正确的价值追求与价值取向，自觉抵御各种诱惑。

(2) 培养强烈的社会责任感。作为中职生只有对自己和他人、对国家和社会应负的责任有深刻的认识和信守，自觉承担起自己应尽的社会责任和义务，在社会主义现代化建设中贡献自己的青春和力量，才会赢得社会的认可、信任与尊重。在社会活动中，中职学生应加强自律管理，规范自己的不良行为。

(3) 浓厚的爱国情怀。中职生要正确认识我国的经济、政治、文化的历史和现状，充分认识我国改革发展所取得的的巨大成就，热爱民族灿烂的文化，增强民族自信心与自豪感，树立国家民族利益高于一切的民族精神，增强使命感与责任感，与祖国同呼吸共命运，把这份浓厚的爱国情怀转化为报效祖国的实际行动，为实现中华民族伟大复兴的中国梦贡献自己的智慧和力量。

2. 扎实的科学文化素质

尽管中职学生的培养目标不是科研人员，但掌握好扎实的科学文化理论知识是非常必要的。因为中职学生相比较于高校学生来讲，文化基础知识比较薄弱，学习能力不够强。但随着社会的发展，科技的进步，很多职业岗位的要求越来越高，因此，作为中职学生应大力加强基础文化和基础能力的学习，尤其要注重读写能力、信息技术应用能力、沟通能力、学习能力的培养，以及财会知识、文学知识、音乐知识等的学习，提高自我学习和发展的能力，丰富自己的兴趣爱好，提升自己的人文素养。唯有如此，才能为自己今后的全面发展打下坚实的基础。

3. 优秀的专业素质

专业素质是指从业者从事某种职业活动掌握和运用专业知识、专业理论、专业技能和必要的组织管理水平。中等职业教育的目标是培养生产、管理一线的应用型人才。随着科技、产业和职业的发展，要求中职毕业生也应当是新型的高素质复合型人才。因此，中职学生平常应当重视专业技能和实践动手能力的培养，在强化专业操作技能水平的基础上，要重视加强适应性从业能力的培养，加强独立思考、独立工作能力的培养，做到"专业强、技能精"。只有拥有了扎实的专业知识和熟练的专业技能，才能有效地拓展自己的就业与生存空间，增强自身的竞争力，实现自己的人生价值。

4. 健康的身心素质

身体是革命的本钱，这个道理谁都懂。一般来说，任何一个单位都不会愿意聘请一个身体或心理有问题的员工，由此可见，身心健康是非常重要的。

健康的身心素质应该包括身体健康和心理健康两方面。身体健康就是没有疾病，有一个强壮的体魄、充沛的体力，中职学生在校期间要多参加体育锻炼，加强体能、体力训练，增强自己的体格和毅力，锻炼吃苦耐劳的精神，拥有健康的体格和旺盛的体力与精力，适应现代社会快节奏的生活和竞争压力。

一个人良好的心理素质，顾名思义就是要心理健康。心理健康简单地说就是一个人的知、情、意、行人格完整，协调一致，能适应社会。面对激烈的社会竞争，有的因父母离异、隔代抚养，缺乏良好的生活与教育环境等，中职学生普遍心理脆弱，缺乏社会经验，对生活中遇到的问题缺乏处理良策，依赖心理较重，对未来感到焦虑困惑等。学生平时要加强心理健康教育，理性看待失败和挫折，调整好自己的心态。

一是要培养正确的自我观。正确认识自己的优势与弱点并悦纳自己，同时不因自己的优势而自大，也不因自己的不足而自卑。

二是养成乐观稳定的情绪。正确看待自己的人生目标，培养积极向上的职业心理，善于调节挫折情绪，及时调整自己的心态，保持开朗、乐观、愉快、自信的情绪状态。

三要学会沟通，正确处理好人际关系。积极参与班级各项集体活动，积极主动与同学交往，以诚待人，充分表达自己的思想，大胆展示自己的专长。

四要培养良好的环境适应能力。要敢于正视并接受现实，树立自信，对自己的能力要有信心，做好自己的职业生涯规划，培养自己的归属感与融入能力，使其能快速融入社会团体，为自己的生存、发展的追求找到落脚点与归宿。正确对待学习、生活和工作中遇到的挫折，树立正确的人生观、世界观、价值观，培养自己适应环境变化的能力。

5. 全面的能力素质

能力素质是潜藏在人体身上的一种能动力，是知识的发挥与运用，是影响一个人成功成才的重要素质，通常包括学习能力、组织能力、应变能力、创新能力和自我发展能力等。知识的积累并不一定意味着能力的自然增长，要将学到的知识转化为能力，需要大家在努力完成学习任务的前提下，积极投身于社会实践，用所学知识指导实践，用心领悟，增加阅历，增强自己的能力。

(1) 学习能力。现代社会知识更新很快，如果我们不加强学习就跟不上时代发展的步伐，就会被社会淘汰。中职生应该树立终生学习的理念，保持对事物的好奇心与探究心，这样才能增强自己的求知欲，培养用心学习的方法与能力。尤其要学习快速发展的新信息技术，提升信息素养，掌握新信息技术的应用能力，具备获取信息并利用信息的能力。

(2) 组织沟通协调能力。语言是沟通的桥梁，语言文字沟通能力是人们日常交流思想、感情的基本能力，包括语言口头表达能力和书面表达能力，需要加强培养与锻炼。口头表达能力要求语言表达要有流畅性、灵活性和艺术性，即好好说话，把话说好。书面表达能力则要求字句表达要有条理性、逻辑性，并注意表达的艺术性与规范格式要求。良好的语言文字沟通能力对展示自己的思想感情，处理好日常工作至关重要。

在工作、生活中我们需要与他人交往，并与他人和谐相处，甚至需要得到他人的理解、支持与帮助，因此，培养良好的人际交往能力，妥善处理好人与人之间的关系，建立良好的人际关系，获得他人有力的支持，在工作中发挥组织、协调能力，顺利完成各项工作，能使自己的人生变得健康、积极与和谐。

(3) 创新、创业能力。在竞争激烈的新时代，首先要培养自己的创造性思维、创新精神与创新意识，面对工作要有一定的"预见力"，能适度超前把握事态发展趋势，正确分析现实与可能性之间的关系，为创造性开展工作打下基础；其次，对工作中遇到的问题要有"洞察力"与"决断力"，要培养这种直觉领悟能力，要能敏锐、准确、迅速地抓住问题的要害，并能综合各种因素分析后做出最佳决定并解决实际问题。最后，我们身处"大众创业、万众创新"的发展新时代，作为中职生要有创业意识，勤于实践与思考，提高自己的眼界，加强创业能力的培养，学会如何面对创业过程中出现的挫折、困难、失败与逆境，并从中汲取营养，激活前行的动力和勇气，不断壮大自己，实现创业的成功。

(4) 自我发展能力。自我发展是学生适应社会、立足社会的重要因素，但我们的学生对自己的发展往往缺乏长远的规划；眼高手低，不能正确认识自己，对综合素质重要性的认识不足；过分注重薪水和待遇，不关注就业单位的发展；人际关系处理不好，缺乏团队合作精神与心理承受能力；缺乏诚实、脚踏实地的敬业精神，企图走捷径求得跳跃式发展等。这些都不利于自我可持续发展。

中职学生要加强自我管理能力和自我表现意识的培养，要增强时间观念，养成良好生活习惯，学会自我管理，加强群体意识、合作意识、民主意识和竞争意识的培养，树立风险意识、法制意识与服从意识，不可自由散漫、我行我素。尊重别人，尊重自己，真诚、热情、诚实守信，提升自己的人格魅力，培养可持续发展的能力。平时要关注自己的形象，提升自己的形象与表现能力，养成勤奋向上、积极自信的心态，加强构思筹划能力的培养，减少蛮干与瞎干，增强在复杂局势和艰巨任务面前把控定力的能力，把自己训练成技术过硬、品质优良的复合型人才，提高成功的几率和市场竞争能力，成就自己的精彩人生。

(5) 应变能力。应变能力是指面对客观情况的偶然性变化，能善于随机应变地适时控制和调节自己情绪和行为的一种快速反应能力，这也是个人能力素质的一个重要表现。学生在学校的生活相对来说是安逸而平静的，但走上工作岗位后，面临的社会现实却是复杂多变的，有些事情甚至瞬息万变，要适应这种变化，就要求我们自己要根据工作的需要和所处社会的环境去调整自己的知识结构和能力结构，勤于社会实践锻炼，提高独立思考问题与解决问题的能力，加强自律与控制能力的培养，做到能安全自觉灵活地控制自己的情绪和约束自己的言行，加强环境识别和适应能力的培养，提高自己的社会应变能力。

6. 良好的职业素养

职业素养是劳动者对社会职业的了解与适应能力的一种综合体现，是一个人在从事职业中尽最大努力把工作做好的素质和能力，是职业发展的基本素质。职业素养包括职业心态、职业规范、职业形象、职业技能、职业道德等方面。良好的职业素养是衡量一个人职业成熟度的重要指标，一个人如果缺乏良好的职业素养，他就很难在工作上取得突出的业绩，更不用说成功了，唯有具备良好职业素养的人才能实现生存与发展的目标。

(1) 职业态度。职业心态是职业素养的核心，一个人事业的成功，有时候并不在于你的才华，而取决于你的态度。现实中一般人大都把自己的职业当做一种谋生的手段，仅仅当作一份工作去做而已；而有些人却把职业当做一份神圣的事业来看待，作为实现自身价值的理想去完成，所以职业心态往往是决定事业成败的关键。作为一名中职生，应该培养强烈的工作责任意识、集体观念、团队意识，使自己具有强烈的事业心、责任心、敬业精神、团队合作精神和社会责任感；认同企业文化，积极融入单位环境，树立正确的目标，坚定服务的决心，养成积极、自信、诚实守信、爱岗敬业、团队合作的职业心态。不管什么工作，接受了就要自觉努力地做到最好，用心做好单位分配的每一项工作，重视职业中的每一个细节，顾全大局、懂得感恩，充分展现自己的才能和实力。

(2) 职业规范。遵守职业规范，养成职业习惯。现在社会分工越来越细，职业也越来越多，由于职业分工，人们对社会承担的职责不同，为保证职业活动的正常进行，各行业都形成了一些具有特殊要求又被同行认可的标准或准则，于是，职业规范就应运而生了。中职学生要积极培育职业精神，遵守职业规范，养成守时(讲究时间观念)、负责(对自己的言行负责，单位利益至上)、忠诚(忠诚于单位，不泄露单位秘密)、合作(团队是个人职业成功的前提、个人因为团队而更加强大)、遵章守纪、尊重别人、做好职业定位、从基层做起等良好的职业习惯。

(3) 职业形象。职业形象是一个人在职场中公众面前树立的印象，是个人职业气质的外在表现，主要包括外在形象、品德修养、专业能力和知识结构等方面。职业形象与个人的职业发展密切相关，个人的职业形象塑造要和单位的企业文化背景、工作特点、行业要求等相结合，还要考虑自己的职业气质、不同场合等因素，使自己的职业形象给人以美好的感觉，获得大家的认可，懂得分享，培养职业美德，缔造人格魅力，促进自己职业的升值。

(4) 职业技能。职业技能是对学生所掌握的专业知识和专业技能水平的综合客观评价，是就业所需的技术和能力，是否具备良好的职业技能是今后能否顺利就业的前提。要调动学生学习职业技能的积极性，树立正确的职业价值观，帮助学生制定清晰的职业目标，善于学习，学以致用，把所学知识转化为职业能力，明确职业能力提升目标，适应社会发展变化，学会总结经验、教训与反思，开拓职业思维，培养创新精神。

当前，我国经济发展处在一个比较特殊的时期，一方面，产业转型升级不断深化，新技术、新业态需要许多新型劳动者；另一方面，受国际经贸环境变化的影响，一些劳动密集型企业的职工可能面临转业转岗的压力，因此，需要加强就业指导与就业服务，大力加强有针对性的职业技能提升培训、转岗转业培训和创业培训，以加快建设知识型、技能型和创新型的劳动者队伍。

(5) 职业道德。职业道德是人们在职业活动中应当遵循的基本道德，既是本行业人员在职业活动中的行为规范与要求，也是职业对社会所负的道德责任和义务。它规定人们应该做什么，不应该做什么。职业道德主要依靠文化、内心信念和习惯，通过员工的自律实现，承载着企业文化与凝聚力。不同的职业有不同的职业道德，如教师的职业道德是教书育人，为人师表；医生的职业道德是救死扶伤、治病救人；军人的职业道德是英勇善战，保卫祖国；公司员工的职业道德是顾客至上，诚信无欺；等等。"爱岗敬业，诚实守信，办事公道，服务群众，奉献社会"是各行各业的共同职业道德规范。

一般情况下单位的用人理念是"有德有才要重用；有德无才要适用；无德有才，坚决不用"，因此，一个人要想在单位竞争中进步并取得成功，首先必须具备良好的职业道德。良好的职业道德是每一个员工都应该具备的基本品质。作为一个从业者应当爱岗敬业、忠于职守，以诚实守信的态度对待自己的职业，用最高职业标准要求自己，全力维护单位利益，严格遵守职业规范和单位规章制度，遵守社会公德和社会秩序，克服自私心理，正确处理好与领导、同事的关系，吃苦耐劳，积极应对工作中的困难，开拓创新，乐于贡献，修身律己，不断规范个人的职业道德。职业道德的最高境界是爱岗敬业。

第三节 心理健康

一、认识心理健康及其重要性

1. 健康的定义

1990 年，世界卫生组织对健康的定义为：健康不仅是没有疾病，而且还包括身体健康、心理健康、社会适应良好和道德健康。其中，心理健康是指人的心理在认知、情感、行为之间的协调，心理内容与客观世界的统一，个体与社会环境的相适应，精力的旺盛和情绪的愉快，人格的健全和发展。心理健康的基础层次是没有心理疾病，高级层次指向健康人格发展。

2. 影响心理健康的因素

影响心理健康的因素有以下几个方面：

(1) 身体方面：如先天脑发育不全；先天和后天造成的身体残疾；身体器官，特别是脑发生病变等，都会影响心理健康。

(2) 心理(意识)方面：如人的认知模式；情绪与情感的控制能力；意志力、性格类型，以及需要、动机等也会影响心理健康。

(3) 行为方面：人的行为总是会得到来自外界环境和内心的评价，而这种评价反过来又会影响人的内心，进而影响人的心理健康。

(4) 环境方面：如自然环境、社会环境、家庭环境、人际关系环境等，这些也会直接影响心理健康。

3. 心理健康的 10 条标准

(1) 了解自我：对自己有充分的认识和了解，并能恰当地评价自己的能力。

(2) 信任自我：对自己有充分的信任感，能克服困难，面对挫折能坦然处之，并能正确地评价自己的失败。

(3) 悦纳自我：对自己的外形特征、人格、智力、能力等都能愉快地接纳认同。

(4) 控制自我：能适度地表达和控制自己的情绪和行为。

(5) 调节自我：对自己不切实际的行为目标、心理不平衡的状态、与环境的不适应性，能做出及时的反馈、修正、选择、变革和调整。

(6) 完善自我：能不断完善自己，保持人格的完整与和谐。

(7) 发展自我：具备从经验中学习的能力，充分发展自己的智力，能根据自身的特点发展自己的人格。

(8) 调适自我：对环境有充分的安全感，能与环境保持良好的接触，理解他人，悦纳他人，能保持良好的人际关系。

(9) 设计自我：有自己的生活理想，且理想与目标切合实际。

(10) 满足自我：在社会规范的范围内，适度地满足个人的基本需求。

4. 心理健康的目的与意义

(1) 促进青少年的心理正常发展，培养健全的人格，树立正确的人生观、价值观。

(2) 防止各种精神疾病、心理疾病、恶性事件的发生。

(3) 推动精神文明建设，促进社会和谐稳定。

二、中职生心理发展的特点

中职学生是个较为尴尬的群体，他们大多数是因为成绩原因而不被人们看好，原本就是基础教育中经常被忽视的弱势群体，相对于一般高中生而言，他们的心理或许更容易出现问题。中职生的年龄一般在15～18岁之间，属于青年初期，是身心发展最迅速、最旺盛、最关键的时期，也是各年龄发展阶段的最佳时期，但作为一个特殊的学生群体，其内心世界是不稳定、不平衡的，具体表现为：

(1) 自卑感严重，但反抗性强烈。中职生由于学习成绩不好，从小学到初中长期承受老师、家长的过多指责和同学们的歧视，有些学生来自单亲家庭或生活贫困家庭，缺乏真诚的关爱，久而久之形成了抑郁自卑心理，对学校、对社会充满冷漠、恐惧和仇视。同时，社会对职业教育还存在一定的偏见，一些中职生认为自己与同龄人比较，未来似乎更加渺茫，因此也具有一定的自卑心理。在这种心理作用下，当自主性被忽略或个性发展受到阻碍时，他们表现在行为上就是无所适从、怪异和反抗，有时用过激的行为方式去掩饰自己可能受到的伤害，比如通过逃课、顶撞教师、打架斗殴等违纪违规现象，显示自己的勇敢。如果引导不好，个别学生渐渐就会形成反社会人格倾向。

(2) 思想意识活跃但学习动机缺失。职业教育注重学生实践技能的培养，学生没有升学的压力，因此，他们思想意识活跃，有广泛的兴趣爱好。但是一部分中职生由于学习基础较差并且缺乏刻苦学习的精神，在学习上没有养成良好的习惯，也没有找到适合自己的学习方法，因此学习没有动力。有的学生因为不会学而学不好，因为学不好而不想学，从而产生厌学的心理和行为，并渐渐形成学习上的恶性循环形象，越不努力成绩越差，成绩越差越想放弃。

(3) 自我意识增强，但自控能力不足。从心理学的角度看，他们意识到自己已经长大，追求自己内心世界中存在的"本我"，并将注意力集中到发现自我、关心自我的存在上。开始把自己看做是"成年人"，渴望与成人一样具有平等的社会地位与权力，反对从属地位，更反对权威式的干涉。在心理上要摆脱对父母的依赖，要以独立人格出现。由于生理、心理迅速发展，他们在缺乏准备的条件下，会面对许多矛盾和困惑，常让他们处于焦虑之中，如遇到不满或不平之事，就容易出现突发式的情绪失控。这些情绪上的波动，是他们难以自觉控制的。

(4) 渴望得到认可，但人际关系有障碍。青年学生在心理发展阶段存在着坦率与封闭的矛盾，一方面期盼得到人们的理解，对知心人愿意敞开心扉，说话坦诚直率；另一方面把注意力集中在自己的内心世界上，暴露出心理闭锁性，甚至产生固执、多疑与对抗，有时会因为看别人不顺眼而发生打架事件。中职学生特别渴望展示自己的才能，体现自己的价值，得到他人的认可，但是部分学生不善于与人交往，为人处世能力较差，存在着社交障碍。分析原因主要有：第一，不良的心理品质，性格内向，以自我为中心，妒忌猜疑，偏激，报复性强等；第二，个人能力方面的原因，如言语表达力差，知识水平低，不善交往等；第三，曾有过交往失败的经历；第四，语言不通，没有共同语言等。

三、中职生的情绪特点

1. 情绪的定义

情绪，是一种内心的感受和体验，是人脑对客观外界事物与主体需要之间关系的反映。情绪的基本形式由快乐、愤怒、悲哀、恐惧构成，也叫原始情绪。根据其影响，人们把情绪分为正性情绪和负性情绪。轻松愉快的情绪状态如快乐、愉悦称为正性情绪，有助于提高学习和工作效率；相反的是负性情绪，如紧张、焦虑，影响学习工作。无论是正性情绪还是负性情绪，我们都要把握好它的"度"，不然就有可能乐极生悲。

2. 中职生的情绪特点

中职生正处于15～18岁这样一个心理上充满变化、情绪不稳定的时期，有时心花怒放、满面春风，有时愁眉苦脸、阴云密布，心理学上把这个时期界定为青年初期。这个时期从内在上看，心理发育相对于上一个青春期有所成熟，但仍有待发展；从外在上看，他们的生活环境发生了巨大的变化，很多学生是第一次离家独自住校，且三年的职专学习之后，他们就要参加工作，所以年轻的他们必须比同龄人更早适应社会。内部和外部的矛盾给他们稚嫩的心灵带来一些压力，结果使不少学生适应不良，出现各种情绪和行为问题。概括来讲，中职生的情绪特点表现为以下几个方面：

(1) 因环境适应困难而产生焦虑、压抑情绪。由初中生到中职生，是人生转折的重要时期，不少的中职生心理呈现"依赖性，理想化，盲目自卑，自我封闭"等心理特征。拥挤的宿舍及食堂，单调的"三点一线"，生活自理等，生活环境、学习环境、人际关系的变化，都易使中职学生感到茫然无措，心理压力加大，产生失落感、自卑感和焦虑情绪等反应，继而出现失意、压抑、焦虑等心理问题。

(2) 因人际关系障碍而产生孤独、抑郁情绪。现代中职学生有着强烈的交往需求，迫切希望与人交往，得到友谊。然而由于种种原因，如害羞、自卑和交际能力不够以及不善言辞表达等导致一些人害怕交际，不会与人沟通，常常把自己的内心世界封闭起来，伪装起来，不愿主动敞开自己的心扉；一些人在与人交往时有较强的戒备心理，以至于干脆独来独往，不和他人接触；一些人一方面要求自我开放，还原真实自我，另一方面又有文饰心理，封闭自我，这种双重人格很容易导致孤独感、抑郁症和自卑心理。

(3) 因家庭关系复杂而产生挫败、自卑情绪。父母离异或不和、天灾人祸给家庭带来的不幸都会给学生造成恐惧心理，从而情绪波动、精力分散，严重影响学习。另外因为学习成绩差，没有考上重点中学，甚至偏科严重，致使家长对学生缺乏必要的关心与关注，由此带来挫败感及自卑心理。

(4) 朦胧的性意识引起情感激荡。中职学生处于异性相吸的阶段，对性问题很敏感也很朦胧。这个年龄的学生喜欢与异性交流，在异性面前显示自己的风度和才华。但由于受年龄限制，他们往往考虑问题简单，感情容易冲动。有的学生不懂如何同异性朋友交往；有的过早坠入爱河，严重影响学习，甚至影响了身心健康。

(5) 期望与现实相悖时产生的心理冲突而带来消极情绪。自我意识增强是现代中职学生的一个显著特点，而自我价值的实现是他们向往和追求的目标。许多中职学生都希望学校能为他们创造更多更好的条件，使他们的才能得以实现。然而中职学生社会经验缺乏，对生活中出现的一些不尽如人意之事不能正确对待，总有怀才不遇之感；有些人不能正确客观地评价自己，只会拿手电筒照人，理想主义地要求别人，不能客观地看待自己，形成对自己过分完美的主观评价，结果一见到别的同学受到老师的表扬和同学的好评，就埋怨别人没有看到自己的长处，甚至认为老师、同学与自己过不去；也有的同学从社会上了解到中职学生就业形势不容乐观，即便找到工作也只能混迹在"蓝领"阶层中，因而滋生出不公平感，进而产生消极对待学习生活工作的情绪。

四、正确认识自我

正确认识自我，是指一个人能够全面、客观而准确地评价自己，它是自我调控的重要因素，是塑造和自我完善意识的基础。

中职生大多数在学习中表现出盲目性，还有很多不良习惯，辍学多、学不好、就业不稳等现象严重。"知人者智，自知者明"，引导中职学生学会正确地认识自我，不仅有助于提高学生的心理素质，也有助于学生良好个性品质的形成。

1. 认识自我的内容

(1) 认识个体的我——从生理和心理上认识自己。从生理角度了解自己，即对自己的生理指标有一个清楚的认识，比如身高、四肢、身体各个系统有无先天或遗传缺陷、疾病隐患等；从心理角度了解自己，要先了解心理学常识，客观面对自己的生理、安全、社交、尊重、自我实现需求等心理现象。

(2) 认识社会的我——找准个人在社会中的位置。一个人要在不断变化的社会中找到一个大体的位置，通过努力去达成目标。学生有了方向就不会自暴自弃，有了位置就不会妄自菲薄，有了规划就不会好高骛远。

(3) 规划将来的我——做好职业规划。对自己的能力、兴趣、价值观有较清晰的认识，同时结合自己生理和心理的状况，设定自己切实的发展方向和目标，做好职业生涯的规划。只有了解自己的优势和不足，才能使自己理性地面对纷繁复杂的职场，在规划职业生涯时走出盲目从众、眼高手低、无所适从的误区。

2. 认识自我的方法

(1) 在自我反省中认识自己。自我反省有两种方法，一种是横向反省，将自己的思想行为、做事接物的态度和效果同周围的人默默进行比较，找出差距与得失，"择其善者而从之，其不善者而改之"。另一种是纵向比较，将自己前后时间表现出的不同行为心理和做事接物的得失及效果进行对比，找出问题与改正方向，"有则改之无则加勉"。

(2) 从他人眼中认识自己。了解自己在同学、朋友、亲人、对手眼中的形象，因为在他们眼中，除了你的容貌，还有你的神态、表情、为人处世、道德修养，这些比容貌更真实，更有特点，更能表现出个性特征。

(3) 通过测评认识自己。为了对自己认识得更具体，客观方向更明确，可以尝试使用一些专业测评，这种方法可以对自己心理、性格、行为方式、能力、潜质、情感、态度与价值观、职业发展等进行客观测评，为提高自我认识程度提供科学参考。

(4) 在社会坐标系中认识自己。个人在社会中的坐标由个人的思想观点、行为习惯、能力价值和对社会的态度、情感、信仰、价值观等组成。找出理想的自我和落魄的自我，再去寻找别人眼中的自己，然后进行认知整合、分析判断，找出距离。最后分析社会需要什么样的我，我怎样才能成为社会需要的我。努力改正那个不被社会认可、不被别人喜欢的我，修成那个被社会认可、被周围人喜欢而又不失去个性的我。

3. 认识自我的调整

认识自我的过程随着环境、条件、经验、能力、心理需求等变化而需要对目标和要求作出适当地调整。

(1) 注意外部环境的变化。环境是制约目标设定与理想实现的外部条件，个人所处区域的社会、经济发展环境、就业形势等往往影响着我们的人生及职业选择和职业发展，在认识自我的过程中要客观地对个人能力、价值观和理想及时调整。

(2) 检查目标定位是否合理。一个人的目标尤其是职业目标要同自己的能力、性格、兴趣及工作适应性相符，同时还要符合社会发展变化，过高或过低的目标都要及时修正。

(3) 检查措施是否落实。"实践是检验真理的唯一标准"，在确定了目标后，行动便成为关键的环节，没有行动，目标就难以实现。没有行动，制订再多的规划，再多的自我认识也只是纸上谈兵。只有通过不断的实践活动，才能真正地提升自我，完善自己。

五、正确面对挫折

挫折是指人类个体在从事有目的的活动过程中，指向目标的行为受到障碍或干扰，致使其动机不能实现，需要无法满足时所产生的情绪状态。

1. 挫折的成因

挫折产生的原因很多，包含客观方面和主观方面。

1) 客观方面

(1) 自然因素：指由于恶劣的气候和严重的自然灾害造成的损失或失败，如地震、火灾，也包括自然的生老病死等。

(2) 社会因素：包括政治、经济、法律、宗教、道德、风俗习惯、人际关系等。如正义得不到伸张，长期蒙冤；待遇不公，才能无法发挥等。

2) 主观方面

(1) 家庭因素：家庭变故、教育不当，造成学生心理上的紧张、焦虑、恐慌和失落，如家长离婚或因意外失亲等。

(2) 学校因素：如学校重智育轻德育，升学落榜等。

(3) 个人因素：包括生理因素和心理因素，如想当飞行员但眼睛近视，想当篮球运动员但身高受限等。

2. 如何正确面对挫折

(1) 正确认识挫折，形成心理准备。首先要认识到挫折是普遍存在的。现实生活中，考试不理想、人际关系困难、生活不适应等挫折几乎每个人都会遇到。挫折并不都是坏事，处理得好它也可以成为自强不息、争取成功的动力和精神催化剂。可以说，挫折也是一种机会，只要能坦然面对挫折，树立战胜挫折的勇气和信心，就可以适应任何变化的环境。

(2) 调节抱负水平，确立合适目标。中职生正值精力充沛、朝气蓬勃的青春年华，但对生活中所遇的坎坷估计不足，对自身能力、知识水平缺乏全面认识，一旦遇到不顺利的事就容易产生挫折感。因此中职生在学习和生活中应根据自己的实际情况确定具体可行的目标，保持中等期望水平，同时注意不可轻易否定自己。

(3) 树立必胜信心，培养坚强意志。这是遭受挫折后进行有效自我调整的前提条件。信心是一个人对自己的积极的评价。对自己不信任，在遭遇挫折时就会萎靡不振，无法应对挫折。只有信任自己，才能激起进取的勇气，才能最大限度地挖掘自身的潜力。此外，坚强的意志品质也很重要。坚强的意志品质能使人克服困难，战胜挫折。

(4) 采取积极应付方式，锻炼耐挫能力。奥斯特洛夫斯基曾说："人的生命似洪水在奔腾，不遇着岛屿和暗礁，难以激起美丽的浪花。"当在生活中遇到"岛屿"和"暗礁"，遇到压力和挫折时，我们可以采取一些积极的、适合自己的应付方式。如宣泄法，常用的有运动、唱歌、写日记、谈心等；自我放松调节法，常用的有呼吸松弛法、冥想松弛法、肌肉松弛法；升华法，指受挫后将那些为社会所不容的本能冲动加以净化和提高，使之成为某种高尚的追求，以保持内心的安静与心理的平衡。

六、良好的人际关系

人际关系是指人们在生产或生活活动过程中所建立的一种社会关系。心理学将人际关系定义为人与人在交往中建立的直接的心理上的联系，也称"人际交往"，包括亲属关系、朋友关系、同学关系、师生关系、雇佣关系、战友关系、同事关系等。

1. 良好人际关系的现实意义

(1) 良好人际关系促进中职生的社会化和自我认识。交往能力是当今时代人才必备的重要素质。中职生应当充分利用学校这个小社会，锻炼自己为人处世的能力，不断调整自己的行为和形象，逐步实现个体的社会化。良好的人际交往能促进中职生的社会化进程和自我认识的深入，有助于将来更好地融入社会。

(2) 良好人际关系促进学生个性发展和完善。一个人的个性受先天和后天的影响，中职生所处的年龄段是人的个性定型的关键期，发展融洽的人际关系有助于培养乐观、开朗、积极主动的个性，为学生个性的发展与完善创造条件。

(3) 良好人际关系有利于学生的身心健康。人的社会属性决定了人需要有思想感情上的交流，友情、爱情和亲情是人一生的渴求，一个人的喜、怒、哀、乐只有与人共享，才能在心理上产生安全感和归属感。健康的心理是健康素质的重要内容，也是中职生成才不可或缺的条件。中职生正处于青春期，对友情、爱情的情感需求异常强烈，在与人交往的过程中，他们可以从他人对自己的反应、态度和评价中发现自己的长处和短处，从而不断反省自己的行为以实现自我完善。和谐的人际交往有利于中职生身心健康成长，为迈向社会打下坚实基础。

(4) 良好人际关系促进信息沟通。交往可以直接实现信息沟通，促进信息交流和共享。当代中职生学习、生活在"信息爆炸"的时代，良好的人际交往可以拓宽他们的信息来源渠道，以免因"孤陋寡闻"而贻误良机。

2. 良好人际关系的交往原则

(1) 尊重原则。尊重包括自尊和尊重他人。自尊就是在各种场合都要尊重自己，维护自己的尊严，不要自暴自弃。尊重他人就是要尊重别人的生活习惯、兴趣爱好、人格和价值。只有尊重别人才能得到别人的尊重。

(2) 真诚原则。只有以诚待人，胸怀坦荡，才能产生感情的共鸣，才能收获真正的友谊。

(3) 宽容原则。在人际交往中，难免会产生一些不愉快的事情，甚至产生一些矛盾冲突。这时候我们就要学会宽容别人，不斤斤计较，正所谓退一步海阔天空。

(4) 互利合作原则。互利是指双方在满足对方需要的同时，又能得到对方的报答。人际交往永远是双向选择，双向互动。在交往过程中，双方应互相关心、互相爱护，既考虑双方的共同利益，又要深化感情。

(5) 理解原则。理解是成功的人际交往的必要前提。理解就是我们能真正了解对方的处境、心情、好恶、需要等，并能设身处地关心对方。

(6) 平等原则。与人交往应做到一视同仁，不要嫌贫爱富，不能因为家庭背景、地位职权等方面原因而对人另眼相看。平等待人就不能盛气凌人，要学会将心比心，换位思考。

(7) 信用原则。言必行，行必果。"人，无信不立""言而无信非君子"。要取信于人，一要守信，做到言行一致；二要信任，不仅要信任别人，而且要争取赢得别人的信任；三是不轻易许诺；四要诚实，答应别人的事要尽量做到，做不到要讲清楚，以取得对方的理解；五要自信，给别人信赖感和安全感。

3. 良好人际关系的建立

(1) 肯定对方，真诚热情。人类普遍存在自尊的需求，只有在自尊心高度满足的情况下，才会产生最大程度的愉悦，才会对人际交往中对方的态度、观点易于接受。因此，人际交往中要学会肯定对方，尊重对方，让对方感受到你的真诚与热情。

(2) 在实践中提高交往能力。

① 良好的人际关系是在交往中形成和发展起来的。初入职校的学生，在和一些不熟悉的人交往时，可以从一般的寒暄开始，之后转入中性话题。交谈能锻炼自己使对方开口的本领，寻找相互感兴趣话题的本领。

② 良好的人际关系有赖于相互的了解。相互了解有赖于彼此思想上的沟通。因此要注意常与人交谈，交换看法，讨论感兴趣的事情。

③ 良好的人际关系需要换位思考。一个人在不同的场合有不同的角色。在人际交往中，

如果心理上能把自己想象成交往对方，了解自己处在对方情境中的心理状态和行为方式，就能体会他人的心理感受，从而改善自己待人的态度。

七、珍惜生命，阳光生活

人的生命只有一次，人生的每时每刻都是现场直播，走过了就不能再重演。珍爱生命，让生命变得有价值，让人生更加美丽。近年来，生命教育已受到社会的普遍关注，无论是基础教育、职业教育，还是高等教育都在积极推行。加强对中职生的生命教育，引导学生感悟生命的意义，促进中职生热爱生命，积极生活，成就美好人生。

(1) 用良好的习惯爱护生命。习惯是日积月累形成的自觉行为，良好的习惯能够让人在学习、生活和工作的过程中感受轻松和愉快，呵护人的身心健康成长。

(2) 用优良的品德和崇高的信仰滋润生命。品德和信仰是精神生命的高层次表现，优良的品德和崇高的信仰能使一个人在生命的旅途中能够不时地闪现耀眼的火花，绽放出绚丽的光彩。中职生的人生道路才刚刚启程，生命之花才初现蓓蕾，只要以珍爱生命之心加强修养、努力实践，人生道路必定灿烂光明，生命之花必定硕果累累，生命的意义必定崇高而美丽。

(3) 用法律制度保障生命。每一个社会人，无论他贫穷富有、职位高低都必须依法办事，法律面前人人平等。中职生要学会运用法律的力量来维护自己的正当权益，同时也要严格遵守规章制度。

(4) 尊重与善待他人。人生在世，每一个人都不是孤立的个体。人与人共处，生命与生命相连，形成千丝万缕、错综复杂的人际关系。因此，珍惜自己的生命，也珍惜他人的生命；善待自己也要善待他人。这样一个人的生命才能得到社会的呵护，得到他人的呵护。

(5) 热爱自然，呵护生物家园。我们生存的大自然是一个生机盎然、朝气蓬勃、有着自身生存与发展规律的宏大系统。大自然是一切生命的家，更是人类的家。在这个家里人类与其他生命一样相生相息，同在一片蓝天下共呼吸、相依存。中职生作为社会未来的建设者，首先要树立环保意识，肩负起保护环境、珍惜生命的历史使命；其次应大力宣传环保意识，走到哪儿宣传到哪儿，让环保意识深入人心；最后要身体力行，从自己做起、从现在做起，保护好身边的环境，用实际行动热爱、珍惜我们人类赖以生存的大自然。

第四篇

学 习 篇

本篇导航

◆ 从初中跨入中职学习的阶段，学习的方式方法发生了很大的改变，你对中职的学业水平考试做好准备了吗？这部分一定要深入了解。

◆ 中职学习的专业性更强了，选择的空间也更大了，学习好的同学还将获得学校的奖学金奖励，学籍管理和奖学金评定的相关规定你一定很想知道吧。

◆ 为了实现学校教育与企业实际岗位的无缝对接，校内实训、认知实习、跟岗实习和顶岗实习是提升你专业技能与职业素养的好机会。

◆ 中职教育是培养高素质技能型人才，国家正着力推行 1+X 证书制度，提升你的就业能力，省级和国家级的职业技能竞赛为你搭建一个展示的平台，实现人人出彩。

◆ 社团、学生干部、第二课堂是你在学校的社会实践，是展示你个人才能魅力的舞台，也是锻炼和提高你的综合素质的平台，一定要积极参加。

本篇重点介绍学习管理规定，中职学习水平考试管理办法，奖学金评定管理办法，学校实训、实习的有关规定，职业技能鉴定和职业技能竞赛，社团、第二课堂活动及其管理办法，帮助学生了解学籍管理与学业水平考试的相关政策与要求，理解实训、实习的重要性，培养职业意识，明确学习目标，增强学习主动性，掌握熟练的职业技能，养成良好的职业行为习惯，积极参与社团、两委会和第二课堂活动，加强各方面的锻炼，提升自己的修养与综合能力，为今后事业发展打下坚实的基础。

主要内容： 学业水平考试管理办法

学籍管理规定

实训、实习的相关要求

职业技能鉴定与职业技能竞赛

社团活动与第二课堂活动

三好学生、优秀学生干部、优秀团员、优秀团干的评选管理办法

第一节　学习管理规定

一、学业水平测试管理办法(学分制)

福建省中等职业学校学生学业水平考试管理办法(福建省教育厅)

一、考试类别

中职学业水平考试分为合格性考试和等级性考试。合格性考试包括公共基础知识(含德育、语文、数学、英语、计算机应用基础)、专业基础知识、专业技能考试3个部分;等级性考试包括公共基础知识中的德育、语文、数学、英语和专业基础知识。

二、考试对象

2017年秋季以后入学的中等职业学校全日制学历教育在籍学生(含高职院校招收的中职学生)必须参加合格性考试,有升学意愿的学生还需参加等级性考试。

有升学意愿的2017年春季入学的中职学生需要参加合格性、等级性考试。技工学校在校生和社会人员也可报名参加。

三、考试方式

(一)公共基础知识考试

1. 合格性考试。将德育、语文、数学、英语4门课程考试合并在一张试卷(公共基础知识综合卷Ⅰ),采取书面闭卷笔试方式,考试时长90分钟。计算机应用基础考试采取上机考试方式,考试时长60分钟。

2. 等级性考试。将德育、语文、数学、英语4门课程考试合并在一张试卷(公共基础知识综合卷Ⅱ),采取书面闭卷笔试方式,考试时长60分钟。与合格性考试分卷合场、一场考完。

(二)专业基础知识考试

1. 合格性考试。使用专业基础知识卷Ⅰ,采取书面闭卷笔试方式,考试时长90分钟。

2. 等级性考试。使用专业基础知识卷Ⅱ,采取书面闭卷笔试方式,考试时长60分钟。与合格性考试分卷合场、一场考完。

(三)专业技能考试。专业技能合格性考试,采取现场实际操作或应用信息化综合实训平台等方式进行,具体考试方式、考试时长由中职学校根据实际确定。

四、考场规则

1. 考生凭有效身份证件、《考试通知单》,按规定时间参加考试。自觉服从考试工作人员管理,配合监考老师做好违禁物品检查及身份验证工作。

2. 每场开考 15 分钟起(同时考卷Ⅰ和卷Ⅱ的,视为一场考试,以卷Ⅰ开考时间算起),迟到考生不得进入考点,交卷出考场时间不得早于每科目考试结束前 30 分钟(同时考卷Ⅰ和卷Ⅱ的交卷出考场时间不得早于卷Ⅱ考试结束前 30 分钟),提前交卷出场的考生不得再进考场续考,也不得在考场附近逗留或交谈,须在警戒线外安静等待,接到广播通知后方可离开考点。

3. 考生入场时,除 2B 铅笔、0.5 毫米黑色签字笔、直尺、圆规、三角板、无封套橡皮等必需的考试用品外,其他任何物品(如手机、手表、电子手环、计算器、涂改液、修正带等)一律不准带入考场。

4. 考生入场后,对号入座,将有效身份证件、《考试通知单》放在靠走道的"桌面标签"旁的桌面上,以便核验。在试卷、答题卡指定位置准确清楚地填写姓名、考生号。开考信号发出后才能开始答题。

5. 选择题要求用 2B 铅笔填涂,非选择题要求用 0.5 毫米黑色签字笔书写,须在答题卡上与题号相对应的答题区域内答题。不得用规定以外的笔和纸答题,不得在答题卡上做任何标记。

6. 遇试卷、答题卡分发错误及试题字迹不清、重印、漏印或缺页等问题,可举手询问,并在开考前报告监考员;开考后再行报告、更换的,延误的考试时间不予延长;涉及试题内容的疑问,不得向监考员询问。

7. 在考场内须保持安静,不得吸烟,不准喧哗,不准交头接耳、左顾右盼、打手势、做暗号,不准夹带、旁窥、抄袭或有意让他人抄袭,不准传抄答案或交换试卷、答题卡,不准传递文具、用品等,不准将试卷及答题卡带出考场。

8. 考试终了信号发出后,考生必须立即停笔;将答题卡放在试卷上,用压卷石压住,静坐在座位上等候;待监考员清点无误后,根据监考员指令依次退出考场,不准逗留。考生依次退出考场到警戒区外,但不得离开考点,待考点发出放行通知后方可离开考点。

9. 考生应诚信应考,杜绝违纪舞弊。考生违纪舞弊按照《国家教育考试违规处理办法》(教育部令第 33 号)及有关规定进行处理,并将结果记入考生的诚信档案。

五、成绩评定与使用

(一) 成绩评定

1. 合格性考试。公共基础知识综合卷Ⅰ满分值 200 分,其中德育 40 分、语文 60 分、数学 60 分、英语 40 分;公共基础知识(计算机应用基础)满分值 100 分。专业基础知识卷Ⅰ满分值 150 分。专业技能满分值 100 分。

合格性考试各个科目根据原始成绩划定 5 个等级,由高到低分为 A、B、C、D、E,原则上 A 等级约 10%、B 等级约 35%、C 等级约 30%、D、E 等级约 25%,其中 E 等级为不合格、比例不超过 5%。合格性考试不合格的,由中职学校组织补考,补考通过的认定为 D 等级,仅用于毕业资格认定。补考方案由中职学校报设区市、平潭综合实验区教育局备案(省属中职学校报省教育厅备案)后实施。

2. 等级性考试。公共基础知识综合卷Ⅱ满分值100分，其中德育20分、语文30分、数学30分、英语20分。专业基础知识卷Ⅱ满分值100分。

对于获得全国职业院校技能大赛一、二、三等奖和全省职业院校技能大赛一等奖的学生，合格性考试各个科目成绩认定为A等级；获得全省职业院校技能大赛二、三等奖的学生，专业基础知识、专业技能合格性考试成绩认定为A等级；获得全省职业院校技能大赛优秀奖的学生，专业基础知识合格性考试成绩认定为B等级，专业技能合格性考试成绩认定为A等级。技能大赛获奖学生合格性考试成绩等级认定仅作为毕业依据。有升学意愿的技能大赛获奖学生仍需参加合格性考试和等级性考试，有关升学照顾政策另行通知。

(二) 成绩使用

合格性考试成绩作为评估中等职业学校办学质量重要依据，是学生毕业的依据之一。

从2020年开始，高职院校分类考试改革后招收中职学生，文化素质考核使用中职学业水平考试成绩，包括公共基础知识(德育、语文、数学、英语)和专业基础知识的合格性考试、等级性考试成绩。高职院校分类考试改革后，高职院校招生专业面向的中职专业范围，参照教育部印发的《普通高等学校高等职业教育(专科)专业目录(2015年)》(教职成〔2015〕10号)"高职专业衔接中职专业举例"及高职专业人才培养对中职专业基础的要求，由高职院校确定(另文公布)。中职学生专业基础知识考试成绩作为高职院校、应用型本科院校招收对应的中职专业学生的依据之一。

二、学籍管理

福建省中等职业学校学生学籍管理实施细则(试行)(福建省教育厅)

第一章　总则

第一条　为加强中等职业学校学生学籍管理，保证学校正常的教育教学秩序，维护学生的合法权益，推进我省中等职业教育持续健康发展，根据教育部《中等职业学校学生学籍管理办法》和《中等职业学历教育学生学籍电子注册办法(试行)》，结合我省实际，特制定本细则。

第二条　本细则适用于我省中等职业学校(含高职院校举办的中等职业教育机构，不含技工院校，下同)学历教育学生的学籍管理。

第三条　中等职业学校(以下简称学校)学生学籍实行统筹协调、分级管理、分级负责的管理体制，并通过"全国中等职业学校学生信息管理系统"(以下简称全国中职学生系统)进行信息化管理。

省教育厅负责统筹管理全省学校学生学籍工作，指导、监督、检查各地和学校的学生学籍管理工作，负责省属学校全日制学历教育学生的学籍建立审核、学籍变更审核、学生毕(结)业认定等工作。

设区市(含平潭综合实验区,下同)教育局负责统筹本区域学校以及在当地开展非全日制学历教育学校的学生学籍管理工作,负责学籍建立审核、学籍变更审核、学生毕(结)业认定等工作,加强对县(市、区)和学校落实学生学籍管理规定的指导、监督、检查。

县(市、区)教育局具体负责所属学校学生学籍管理工作,审核所属学校学生学籍的建立、变更、毕(结)业申请并在规定时间内报上级教育行政部门。

学校是本校学生学籍管理的责任主体,具体负责学籍的日常管理工作,办理学生学籍的建立、变更、毕(结)业申请并在规定时间内报教育行政主管部门审核,确保学籍信息和档案的真实、准确、完整。

第二章　学籍建立

第四条　凡完成九年制义务教育,具有初中毕业及以上或同等学力的学生,符合当地入学有关要求的,均可报读我省中等职业学校。

第五条　录取的新生持录取通知书及本人身份证或户口簿,按学校有关要求和规定日期到学校报到。在办理入学注册手续后,取得学籍。因特殊情况不能如期报到者,应事先由学生本人与家长(监护人)共同向学校提出延期报到书面申请。未经批准,逾期两周不报到者,视为放弃入学资格。

第六条　学校应当从学生入学之日起建立学生学籍档案,学生学籍档案(纸质档案、电子档案)内容包括:1.基本信息;2.思想品德评价信息;3.课程成绩;4.实习材料(含实习协议);5.享受国家助学金和学费减免的信息;6.在校期间的奖惩信息;7.毕业生信息登记表;8.教育行政部门规定的其他信息。学生学籍纸质档案与电子档案信息应一致。

学籍档案由专人管理。学生离校时,学籍档案由学校归档永久保存或移交相关部门。学校合并的,学籍档案移交并入的学校管理。学校终止办学或撤销的,学籍档案移交教育行政主管部门指定的单位管理。

第七条　学校应当将取得学籍的新生基本信息、各年级学生异动情况及时录入全国中职学生系统,并按隶属关系报教育行政主管部门。

第八条　异地合作办学的学生,由学生入学时就读学校负责建立学籍。根据培养计划发生就读学校变更的,应将学籍从原就读学校转出,再转入当前就读学校。

第九条　新生实行春、秋两季注册,春季注册截止日期为4月20日;秋季注册截止日期为11月20日。

第十条　外籍或无国籍人员进入学校就读,应当按照国际学生管理办法办理就读手续。港、澳、台学生按照国家有关政策办理就读手续。

第十一条　学校不得以虚假信息注册学生学籍,不得为不符合招收条件的学生违规建立学籍,不得为实际不在本校就读的学生违规建立或保留学籍("空挂"学籍),不得以不同类型的高中阶段教育学校身份为同一学生分别注册学籍,不得以不同类型学校身份分别向教育部门、人力资源和社会保障部门申报学生学籍。

第十二条 学校要及时处理问题学籍,按规定注销学籍。

第三章 学习形式与修业年限

第十三条 中等职业学校学历教育的学习形式包括全日制、非全日制两种。

全日制学历教育主要招收初中毕业生或具有同等学力者,基本学制以 3 年为主;招收普通高中毕业生或同等学力者,基本学制以 1 年为主。

非全日制学历教育主要面向初中及以上学历的毕业生、具有同等学力的城乡劳动者。初中毕业起点或具有同等学力人员,学习年限一般为 3 至 6 年;高中毕业起点或具有同等学力人员,学习时间一般为 1 至 3 年。具体学制由学校自主确定,一经确定后,原则上不得变更。

第十四条 学校对实行学分制的全日制学历教育学生,允许其在基本学制的基础上提前或推迟毕业,提前毕业一般不超过 1 年,推迟毕业一般不超过 3 年。接受全日制学历教育的普通高中毕业生或同等学力者原则上不允许提前毕业。

第四章 学籍异动与信息变更

第十五条 学生学籍异动包括转学、转专业、留级、休学、注销、复学及退学。非全日制学历教育学生,原则上不予转学、转专业或休学。

第十六条 学生因户籍迁移、家庭搬迁或个人意愿等原因可以申请转学。转学由学生本人和监护人提出申请,经转出学校同意,再向转入学校提出转学申请,转入学校同意后办理转学手续。

省内转学的,由转入、转出学校分别报教育行政主管部门备案,跨设区市转学的还需报所在设区市教育行政部门备案。对跨省转学的,经转入、转出学校同意和所在设区市教育行政部门审核后,报省级教育行政部门备案。中等职业学校之间的省内转学在全国中职学生系统核办,跨省转学的需办理书面申请和审核等手续后,在全国中职学生系统办理。由普通高中转入中等职业学校,需经教育行政主管部门审核备案后,通过"全国中小学学籍信息管理系统"和全国中职学生系统核办。

在学校学习未满一学期的,不予转学;毕业年级学生不予转学;休学期间不予转学。普通高中学生可以转入中等职业学校,但转入中等职业学校后的学习时间不得少于 1 年半。

学生在中等职业学校之间转学的,转学前的专业、学制、学习形式应与转学后专业、学制、学习形式保持一致,如转学后专业进行更改还需满足转专业的规定。

第十七条 有下列情况之一者,经学校批准,可以转专业:

1. 学生确有某一方面特长或兴趣爱好,转专业后有利于学生就业或长远发展;

2. 学生存在某一方面生理缺陷或患有某种疾病,经县级及以上医院证明,不宜在原专业学习,可以转入本校其他专业学习;

3. 学生留级或休学,复学时原专业已停止招生。

跨专业类别转专业，原则上在一年级第一学期结束前办理；同专业类别转专业原则上在二年级第一学期结束前办理。毕业年级学生不得转专业。

第十八条 有下列情况之一者，由学生本人和监护人提出申请，经学校审核同意，可准予休学：

1. 学生因病(经县级及以上医院证明)或其他原因不能继续学习，请假累计超过本学期教学时间的三分之一的；

2. 学生依法服兵役的；

3. 学生已入学一年或完成总学分的三分之一，符合行业从业年龄要求，参加社会创业、就业实践活动的。

学生休学期限、次数由学校规定。因依法服兵役而休学，休学期限与其服役期限相当。学生休学期间，不享受在校学生待遇。学生休学须报教育行政主管部门备案。

第十九条 学生休学期满，应于学年或学期开学前一个月向学校申请复学。经学校审核同意，报教育行政主管部门备案。学生复学后原则上随原专业的相应年级学习，也可根据实际情况转入其他专业的相应年级学习。因病休学的学生，申请复学时须持县级及以上医院的健康证明，并经学校复查合格，方可复学。

第二十条 学生退学由学生本人和监护人提出申请，经学校批准，可办理退学手续。学生退学后，学校应当及时报教育行政主管部门备案。

学生有下列情况之一，学校可做退学处理：

1. 休学期满无特殊情况两周内未办理复学手续；

2. 连续休学两年，仍不能复学；

3. 一学期旷课累计达90课时以上；

4. 擅自离校连续两周以上。

第二十一条 学生非正常死亡，学校应当及时报教育行政主管部门备案。对死亡、失踪的学生，学校应在规定时间内报教育行政主管部门，并按照有关部门出示的证明材料，注销其学籍。

第二十二条 已经注册学生(含注册毕业学生)各项信息的修改均属于信息变更，主要包括学生姓名、性别、出生日期、家庭住址、身份证号码、户口性质等，应当由学生本人或监护人提供合法身份证明等相关资料，学校修改后及时报教育行政主管部门备案。

第五章 成绩考核

第二十三条 根据教育部公布的《中等职业学校公共基础课程标准》《中等职业学校专业教学标准》和教育部等五部门印发的《职业学校学生实习管理规定》等职业教育国家教学标准，坚持德技并修，全面考核学生思想品德表现和公共基础课程、专业课程的掌握程度。

第二十四条 学校按照省教育厅统一部署组织全日制学历教育学生参加学业水平考

试，对学生实施综合素质评价。

第二十五条　学校依据所制订的专业人才培养方案或行业企业有关标准和要求组织考试、考查。

第二十六条　学业成绩优秀的学生，由本人申请，经审核认定，可以参加高一年级的课程学习与考核，合格者可以获得相应的成绩或学分。

第二十七条　学生所学课程考试、考查不合格，学校应当提供补考机会，补考次数和时间由学校确定。学生缓考、留级由学校规定。学校应当及时将留级学生情况报教育行政部门备案。

第二十八条　考试、考查结果，学校应当及时计入学生学籍档案。

第六章　学生实习

第二十九条　学校应严格执行教育部等五部门印发的《职业学校学生实习管理规定》，建立健全学生实习管理制度，组织学生参加认识实习、跟岗实习和顶岗实习，并将跟岗实习和顶岗实习情况报教育行政主管部门备案。

跟岗实习和顶岗实习的考核结果应当计入实习学生学业成绩，考核结果分优秀、良好、合格和不合格四个等次，考核合格以上等次的学生获得学分，并纳入学籍档案。实习考核不合格者，不予毕业。

第三十条　采用现代学徒制培养的全日制学历教育学生或非全日制学历教育学生，有与所学专业相关工作经历的，学校可按有关规定视情况减少其顶岗实习时间或免除顶岗实习。

第七章　奖励与处分

第三十一条　学生在德、智、体、美、劳等方面表现突出，应予以表彰和奖励。学生表彰和奖励分为国家、省、市、县、校等层次，表彰和奖励包括单项奖励(表彰)和综合奖励(表彰)，具体办法由各级教育行政部门和学校分别制定。

对学生的表彰和奖励应予以公示。

第三十二条　学校对于有不良行为的学生，可以视其情节和态度分别给予警告、严重警告、记过、留校察看、开除学籍等处分。

学校做出开除学籍决定，应当报教育行政主管部门核准。

受警告、严重警告、记过、留校察看处分的学生，经过一段时间的教育，能深刻认识错误、确有改正进步的，应当撤销其处分。

第三十三条　学生受到校级及以上奖励或处分，学校应当及时通知学生或其监护人。学生对学校做出的处分决定有异议的，可以按照有关规定提出申诉。

学校应当依法建立学生申诉的程序与机构，受理并处理学生对处分不服提出的申诉。

学生对学校做出的申诉复查决定不服的，可以在收到复查决定之日起15个工作日内，向教育行政主管部门提出书面申诉。

教育行政主管部门应当在收到申诉申请之日起 30 个工作日内做出处理并答复。

第三十四条　对学生的奖励、记过及以上处分的有关资料应当存入学生学籍档案。

对学生的处分撤销后，学校应将原处分决定和有关资料从学生个人学籍档案中移出。

第八章　毕业与结业

第三十五条　学生达到以下要求，准予毕业：

1. 全日制学历教育学生综合素质总评合格，非全日制学历教育学生思想品德评价评定合格；

2. 修满专业人才培养方案规定的全部课程且成绩合格，或修满规定学分；

3. 实习考核合格。

第三十六条　学生如提前修满专业人才培养方案规定的全部课程且达到其他毕业条件，经本人申请，学校同意，可在学制规定年限内提前毕业。

第三十七条　对于在规定的学习年限内，课程考核成绩仍有不合格且未达到留级规定者，或实习不合格者，或全日制学历教育学生综合素质总评(非全日制学历教育学生思想品德评价)不合格者，以及实行学分制的学校未修满规定学分的学生，发给结业证书。

第三十八条　对未修完专业人才培养方案规定的课程而中途退学的学生，学校应当发给学生写实性学习证明。

第三十九条　毕业证书由省教育厅统一印制、学校填写，经验印后颁发学生本人，未经验印的毕业证书一律无效。省属学校全日制学历教育学生毕业证书验印由省教育厅负责办理，市、县(区)属学校以及在当地开展非全日制学历教育学校的学生毕业证书验印由设区市教育局负责办理。

毕业(结业)证书内容包括：姓名、性别、出生日期、学习起止年月、专业(专业方向)、学制、学习形式(全日制或非全日制)、照片、毕业(结业)、学校名称、毕业(结业)日期等。毕业证书编号的生成规则由省教育厅制订。毕业证书由学校打印，并加盖学校公章、校长签章和负责验印的教育行政部门钢印。

毕业证书遗失不予补办，可由毕业学校发给《学历证明书》，经负责毕业证书验印的教育行政部门或其委托的机构验印后生效。《学历证明书》与毕业证书具有同等效力。

第九章　保障措施

第四十条　各级教育行政部门和学校应当加强学籍的规范管理，完善管理制度，建立工作机制，指定专人负责学籍管理工作，为学籍管理提供必要的保障条件。

校长是学籍管理和全国中职学生系统应用的第一责任人，校长对学生学籍信息的完整性、真实性和全国中职学生系统数据质量负责。

学籍管理员应当由各单位或学校的正式工作人员担任。对学籍管理员实行先培训后上岗，并保持人员稳定。对学校兼职学籍管理人员，应参照教师课时计算方式计算其学籍数据录入工作量。各级学籍管理人员的基本信息须报其上一级教育行政部门备案。

第四十一条 各级教育行政部门和学校每学期(尤其是升学考试报名前)应当开展"人籍一致"排查和以学生身份基本信息为核心的数据质量核查工作,消除人籍分离、空挂学籍、学籍造假等现象,确保学生学籍信息完整准确、记载及时。

第四十二条 各级教育行政部门和学校要建立学生学籍信息保密制度,严防学生学籍信息外泄和滥用,严格按要求落实信息备份制度,确保学生学籍信息安全。

第四十三条 学校违反本细则规定,由教育行政主管部门责令改正;情节严重的,依法依规追究校长和相关人员责任。教育行政部门违反本细则规定,由上一级教育行政部门责令改正;情节严重的,对直接负责的主管人员和其他直接责任人员依法依规处理。

第十章 附则

第四十四条 本细则自印发之日起执行。省教育厅印发的《福建省中等职业学校学生学籍管理和成绩考核办法(修订)》(闽教职成〔2008〕36号)同时废止。

第四十五条 本细则由福建省教育厅负责解释。

三、奖学金评定办法

为了鼓励学生勤奋学习,促进学生德、智、体全面发展,成为合格的中等专业人才,经研究决定,特制定本办法。

1. 奖学金的等级、名额、金额

奖学金限额如下:

"一等奖学金":控制在班级人数的4%以内(四舍五入)。年奖金额度为500元。

"二等奖学金":控制在班级人数的6%以内(四舍五入)。年奖金额度为300元。

"三等奖学金":控制在班级人数的10%以内(四舍五入)。年奖金额度为200元。

2. 奖学金评定条件

奖学金评定采用每学年中两学期学生操行评定成绩优为前提,以每学年中两学期学科成绩的优异顺序为主要依据进行评定。在同等条件下由综合考试成绩来决定。

1) "一等奖学金"评定条件

两学期操行评定成绩均为优(90分以上,包括90分),且操行成绩和学科成绩名次均在班级人数的前8%之内,且各学科成绩必须有80%以上科目在80分(含80分)以上(四舍五入),且平均分在85分以上,无不及格的科目。

2) "二等奖学金"评定条件

两学期操行评定成绩均为优(90分以上,包括90分),且操行成绩和学科成绩名次均在班级人数的前15%之内,且各学科成绩必须有60%以上科目在80分(含80分)以上(四舍五入),且平均分在80分以上,无不及格的科目。

3)"三等奖学金"评定条件

两学期操行评定成绩均为优(90分以上,包括90分),且操行成绩和学科成绩名次均在班级人数的前25%之内,且各学科成绩必须有50%以上科目在80分(含80分)以上(四舍五入),且平均分在80分以上,无不及格的科目。

4)不得参加奖学金评定的情况

(1)因违法、违纪受通报批评或处分的;

(2)学期违纪累计五次以上的;

(3)退学学生取消评定资格,空缺名额不予增补;

(4)在校生第三年不评定奖学金。

3. 其他事项

奖学金评奖面应控制在总人数的20%以内;评优名额根据各班参加每学年第二学期期末考试的人数的20%确定,奖学金名额不足一人时,向上取整,等级比例不得突破;高一等奖学金评定未满额时,可将空缺名额拨下一等级参加评选。奖学金每学年评定一次,确保评比的公正公平,复核无误后交学校党委、校长批准,在审批通过后发给相关荣誉证书和奖金。

第二节　实训与实习

实训与实习是学生在校期间,根据教学计划内容安排学生在校内实训室、校内外实训基地或到校外企事业单位从事的以专业技术技能实际操作为主的教学实践活动。实习实训教学活动是中等职业教育的重要组成部分,是重要的实践性教学环节,也是学生走向社会工作岗位之前培养其实际动手能力、创新创造能力、社会适应能力和人际交往能力的重要过程,是培养高素质技术技能型人才的重要途径。实习实训主要有课堂随堂模拟训练、校内实训、校外跟岗实习和企业顶岗实习等。

一、学习过程

随着教育改革的不断深入和发展,素质教育摆在了重要的位置。对于中职教育来说,素质教育的核心是培养具有自主学习能力、富有创新精神的人才,要不断激发学生勇于创新的主体意识,提高学生的实践和动手能力,培育学生的专业技能,让学生有一技之长。

(1)专业对接企业,将技能考证纳入课程体系。

学校专业建设引入职业标准,将技能考证纳入课程体系,实施"双证书"制度。各专业通过对企业的职业岗位群的分析,根据岗位和区域经济发展对职业技能的要求,有针对性地深化对职业技能的训练，构建"以工作任务为导向，以技能训练为支撑"的课程体系。在实施教学计划过程中，教师有针对性地传授专业技能，学生强化专业技能的学习与训练。

(2) 学校企业搭桥，实习实训与企业岗位接轨。

学校构建基于工作过程的实训环境，重视实训室建设，创设良好的实训环境。学生利用现有实训设施与设备，在专业教师的指导下进行校内实训。在此基础上，学校与企业合作，引企入校，建设真实的专业实训环境，实现了与职业岗位的无缝对接，有效地提高学生的就业率；在第五学期安排学生进入企业顶岗实习，为学生更好地对接职业打下良好的基础。

(3) 利用"双创"基地，培养培育创业创新能力。

我校"商芽叶茂"学生创业创新基地，占地面积 800 多平方米，实训、创业创新环境良好。学生可以利用"双创"基地，借助这个有利平台，培育职业敏感度，培养创业创新能力。学生可由我校教职员工牵头组建创业创新团队，利用本校有利的资源优势，在老师的指导下，动脑动手，开启职业的萌动与愿景；还可邀请校外专业人士参与"双创"项目的建设和发展，利用校企合作的有利条件，与职业挂钩，策划出别出心裁的创新创意项目，培养职业成就感与自豪感，为步入职场打下良好的基础。

二、实训管理

1. 目的

实训管理的目的是对实训教学过程进行有效控制，保证各专业实训计划得以顺利完成，加强理论联系实际，提升学生动手能力。

2. 适用范围

实训管理适用于校内实训过程的各个环节的管理和控制。

3. 职责

(1) 实训指导教师负责实训过程的沟通协调，实训内容的指导、记录和小结。

(2) 各教研室负责拟定所属各专业实训计划，组织实施、记录和总结。

(3) 教务科负责对实训教学过程的检查和监督。

(4) 分管校长负责对实训教学过程的指导、监督和审批。

4. 工作内容

1) 实训教学计划管理

(1) 教务科根据专业《实施性教学计划》和本专业技能等级考核的要求，及各教研室提供的实训方案制订《学期实训教学规划》，于开学初报分管校长审批后，作为各个专业实训教学的指导性文件，并把各专业实训项目写入本学期校历表中。

(2) 开学的第一次教研活动，各教研室主任根据《学期实训教学规划》，组织教研室全体教师讨论制订《专业实训计划》，该计划内容包括：① 实训目的；② 实训班级；③ 实训时间、地点；④ 实训内容、方法；⑤ 实训组织形式；⑥ 实训指导教师安排；⑦ 实训考核；⑧ 实训注意事项。实训计划报送教务科审定后，再由教务科上报分管校长审批，经审批的《专业实训计划》一式两份，一份由教研室保管，作为组织实训工作的依据，一份由教务科存档，作为督促检查的依据。

(3)《专业实训计划》一经审定，应严格执行，若有特殊原因需要变动时，必须上报教务科审批，不得擅自更改。

(4) 实训过程中，教务科对《专业实训计划》的实施进行监督与检查；实训结束后，教研室对《专业实训计划》的实施及完成情况进行总结，写出《专业实训总结》。

(5) 教研室主任根据现有的实训器材状况，编制实训器材采购计划及费用预算，送教务科审定后，报校长审批。

2) 实训教学过程管理

(1) 教务科印发相关实训材料：《专业实训计划》《专业实训指导教师记录表》《校内实训学生个人小结》。

(2) 教务科组织召开由教研室主任、实训指导教师参加的实训筹备工作会议。

(3) 教务科为所有学生申请购买学生实习责任险。

(4) 由教研室主任根据《专业实训计划》组织实训动员工作。

(5) 实训指导教师要按实训教学课堂化的要求认真备课，写好教案。教案要求格式规范、内容正确、重点突出、图表清晰、书写工整。

(6) 实训教学过程中，实训指导教师应认真讲解实训设备或仪器的性能、操作规程(或操作内容)，并进行示范操作。要布置适量实操作业，让学生练习。

(7) 在学生实操过程中，实训指导教师应认真做好入门指导、巡回指导和结束指导等环节的教学工作，应坚守工作岗位。

(8) 实训指导教师应认真进行纪律教育、安全教育、文明生产教育，切实保证安全，严防人身和设备事故的发生。要教育学生爱护公共财物，节约实训材料，要保持实训场所的卫生、整洁。

(9) 实训过程中，实训指导教师要认真填写《专业实训指导教师记录表》，并及时上交教务科备查。

(10) 实训结束后，实训指导教师应组织学生填写《校内实训学生个人小结》，并评定学生的实训成绩，最后上交教务科存档。

(11) 教研室对《专业实训计划》的实施及完成情况进行总结，组织实训指导教师写出《专业实训总结》，并上交教务科存档。

(12) 教务科监督并检查实训指导教师的实训指导工作，每天检查专业实训指导教师记录表，每月对实训指导教师的工作进行考核。

3) 实训考核和成绩管理

(1) 实训的考核内容包括应知和应会两方面，应知方面可用笔试、口试、撰写实习报告或毕业设计等方式进行；应会方面则考核学生实践操作的能力。

(2) 实训指导教师在平时的实训教学过程中，通过观察学生的操作、熟练程度和实训课题完成质量等综合评定学生实训的平时成绩。

(3) 实训成绩以百分制评定。平时成绩与最终考核成绩各占 50%。

5. 相关文件

(1) 《学生实训突发事故、事件应急处置预案》。

(2) 《校内实训安全制度》。

(3) 《专业实施性教学计划》。

(4) 《专业实训计划》。

6. 相关质量记录

(1) 校内实训学生个人小结。

(2) 专业实训指导教师记录表。

校内专业实训

三、实习管理

1. 目的

实习管理的目的是对学生实习教学过程进行有效控制，保证各专业实习计划得以顺利完成，加强学生动手能力，提高就业竞争力。

2. 适用范围

实习管理适用于学生认知实习、跟岗实习、顶岗实习过程的各个环节的管理和控制。

3. 职责

(1) 实习指导教师负责实习过程的沟通协调，实习内容的指导、记录和学生实习的考核。

(2) 各教研室负责拟定所属各专业实习计划及各专业实习指导教师。

(3) 教务科负责对实习过程的检查和监督。

(4) 分管校长负责对实习过程的指导、监督和审批。

4. 工作内容

1) 实习计划管理

(1) 各教研室主任组织教研室全体教师讨论制订所属专业本学期的《专业实习计划》，该计划的内容包括：① 实习目的；② 实习对象；③ 实习方式；④ 实习时间；⑤ 实习内容；⑥ 实习考核；⑦ 实习指导教师安排；⑧ 实习注意事项。实习计划报送教务科审核，由教务科审定后报分管校长审批。经审批的《专业实习计划》一式两份，一份由教研室保管，作为组织实习工作的依据，一份由教务科存档，作为督促检查的依据。

(2) 《专业实习计划》一经审定，应严格执行，若有特殊原因需要变动时，必须上报教务科审批，不得擅自更改。

(3) 实习过程中，教务科对《专业实习计划》的实施进行监督与检查；实习结束后，教研室对《专业实习计划》的实施及完成情况进行总结。

2) 实习过程管理

(1) 教务科印发实习材料，包括：《学生专业顶岗实习考核表》(适用于顶岗实习)、《学生实习考核表》(适用于认知实习、跟岗实习)、《学生实习介绍信》《实习安全须知》《学生实习安全协议》《致家长一封信》《毕业班学生个人实习档案记录卡》(适用于顶岗实习)和《专业实习指导教师记录表》(适用于认知实习、跟岗实习)等，其中《学生专业顶岗实习考核表》《学生实习考核表》在实习结束后学生填写个人实习总结和自我鉴定，实习单位写出评语，实习单位盖章后交给实习指导教师；《学生实习安全协议》均一式两份，由学生以及学生家长签字后交一份到教务科存档；《毕业班学生个人实习档案记录卡》《专业实习指导教师记录表》由实习指导教师填写，招生就业办公室负责组织和分发《实习生质量跟踪表》《毕业生就业回执单》《就业协议书》等顶岗实习材料。

(2) 教务科组织召开实习指导教师工作会议，提高认识，明确职责，布置任务。

(3) 教务科根据《专业实习计划》组织教研室主任、实习指导教师召开学生实习动员大会，并由各实习指导教师下班级分发实习材料及指导实习前的工作。

(4) 教务科为所有实习学生申请购买学生实习责任险。

(5) 学生实习过程中，实习指导教师定期与实习学生联系，指导实习，解决在实习过程中遇到的不明白的问题和实际困难，并认真填写《毕业班学生个人实习档案记录卡》及《专业实习指导教师记录表》；学生实习结束后，实习指导老师填写《学生专业顶岗实习考核表》《学生实习考核表》中的综合评语和实习成绩，交教务科存档，且把学生的实习评语、实习成绩等电子档发给学籍部门上传平台。

(6) 教务科监督并检查实习指导教师的指导实习工作，每月定期查看《毕业班学生个人实习档案记录卡》《专业实习指导教师记录表》，实习结束时对实习指导教师的工作进行考核评定。

3) 实习考核和成绩管理

(1) 实习考核由实习指导教师根据学生实习过程中所完成的实习计划任务来确定，成绩合格者，给予相应实习学分。

(2) 实习成绩分优、良、合格、不合格四个等级，结合学生实习态度、职业操守、专业技能、团队合作等综合评定，不合格者不能获得实习学分。

汽车美容专业实习

5. 相关文件

(1) 《学生校外实习突发事故、事件应急处置预案》。

(2) 《专业实习计划》。

6. 相关质量记录

(1) 学生专业顶岗实习考核表。

(2) 学生实习考核表。

(3) 学生实习安全协议。

(4) 实习安全须知。

(5) 学生实习介绍信。

(6) 致家长一封信。

(7) 毕业班学生个人实习档案记录卡。

(8) 专业实习指导教师记录表。

(9) 实习生质量跟踪表。

(10) 毕业生就业回执单。

(11) 就业协议书。

第三节　职业技能鉴定与竞赛

一、职业技能鉴定

当今社会职场竞争激烈，职业技能证书是个人能力评价、考核、聘用和从业的重要凭证，是求职、任职的资格凭证，也是职场的"敲门砖"，是用人单位招聘、录用的主要依据。

1. 了解职业资格证书

(1) 什么是职业资格证书制度？职业资格证书制度是劳动就业制度的一项重要内容，也是一种特殊形式的国家考试制度和国际上通行的一种对技术技能型人才的资格认证制度。它是指按照国家制定的职业技能标准或任职资格条件，通过政府认定的职业技能考核鉴定机构，对劳动者的技能水平或职业资格进行客观公正、科学规范的评价和鉴定，对合格者授予相应等级的国家职业资格证书。

(2) 什么是职业资格证书？职业资格证书的作用是什么？职业资格证书是表明劳动者具有从事某一职业(或复合型职业)所必备的学识和技能的证明。它是社会按照一定的职业规范和标准，对劳动力质量进行考核和评价，是对劳动者拥有劳动力产权和质量的认定。职业资格证书是劳动者求职、任职、开业的资格凭证，是用人单位招聘、录用劳动者的主要依据，也是境外从业与就业、对外劳务合作人员办理技能水平公正的有效证件。

(3) 职业资格证书有几种？其管理体制如何？我国技术性职业(工种)的职业资格证书分为五个等级：初级(五级)、中级(四级)、高级(三级)、技师(二级)、高级技师(一级)。职业资格证书由人力资源和社会保障部统一印制，人力资源和社会保障部门或国务院有关部门按规定办理和核发。

(4) 国家推行职业资格证书制度的意义是什么？开展职业技能鉴定，推行职业资格证书制度，是落实党中央、国务院提出的"科教兴国"战略方针的重要举措，也是我国人力资源开发的一项战略措施。这对于全面提高劳动者素质，培育和发展劳动力市场，促进培训与就业结合，推行现代企业制度，深化国有企业改革，促进经济发展都具有重要意义。

(5) 如何取得职业资格证书？职业技能鉴定是国家职业资格证书制度的重要组成部分。职业技能鉴定是一项基于职业技能水平的考核活动，属于标准参照型考试。它是由考试考核机构对劳动者从事某种职业所应掌握的技术理论知识和实际操作能力做出客观的测量和评价。职业技能鉴定分为知识要求考试和操作技能考核两部分。内容是依据国家职业(技能)标准、职业技能鉴定规范(即考试大纲)和相应教材来确定的，并通过编制试卷来进行鉴定考核。

2. 我校现阶段职业资格证书工作思路

(1) 为了提升学生职业能力，2018 年人社部门公布：电工、汽车维修工、钳工、评茶员、美容师、美发师、育婴员、保育员、智能楼宇管理师、茶艺师等 45 个职业工种，选择与学生专业对应或相近的职业技能进行培训、考核。

(2) 自 2019 年开始，我校重点围绕服务国家需要、市场需求、学生就业能力提升，启动 1+X 证书制度试点工作。结合初级、中级、高级职业技能等级开展培训评价工作。

(3) 依托供销社特种行业职业开展技能鉴定。供销合作社行业职业技能目前可认证范围有：农产品经纪人、商品收购员、制茶师、合作经济管理师、电子商务师、农村电子商务师、插花花艺师、物流师、采购师、营销师、报废汽车拆解工、商品营业员、农业职业经理人、收银员、漆艺师等 37 个职业工种。各教研室根据专业需求制订教学计划，进行行业职业技能培训、鉴定。

(4) 根据《福建省中等职业学校学生综合素质评价实施办法(试行)的通知》要求，对学生能力素质进行评价。要求学生积极参加各级各类职业技能竞赛、专业技能考证、科技发明、创新创业以及校内外社会实践活动等。

二、职业技能竞赛

为贯彻落实《国家中长期人才发展规划纲要(2010—2020 年)》和《中国制造 2025》，以及国家关于高技能人才队伍建设工作要求，持续推进人才强国战略，落实加快培养和选拔高技能人才，"弘扬工匠精神，厚植工匠文化"，推动我国技术技能型、知识技能型、复合技能型的高技能人才队伍建设，增强广大劳动者的爱岗敬业精神，提高标准化操作技能和职业素质，展示职业教学成果和学生的生产技能水平，营造重视技能、尊重技能人才的氛围，实现"勤学技术、苦练本领、提升质量、比拼贡献"的竞赛目的，国家每年都组织开展职业技能大赛。职业技能大赛包括学生技能竞赛和教师技能竞赛，学生职业技能竞赛通常分为省属(校际级)赛、地市级竞赛、省级竞赛、国家级竞赛等多个等级，此外还有"世界技能大赛"。

1. 职业技能大赛

职业院校技能大赛是国家职业教育的重大制度设计与创新，也是贯彻落实《国家职业教育改革实施方案》的一项重要活动。各级各类的职业技能大赛，主办单位都是严格按照职业院校技能大赛章程及系列制度来组织并开展工作的，确保大赛"精彩、专业、安全、廉洁"。技能大赛既是同学们展示专业技能的平台，同时，技能大赛的成绩也是检验各职业院校办学水平和质量的重要参考指标。学校极为重视，每年都精心组织教师对参赛选手进行指导训练，甚至派出选手到一些企业进行培训与实操演练，提升训练成效。我校选手在近几年省赛、国赛中取得了良好的竞赛成绩。

每年的职业技能大赛基本上是按专业大类来设置的，各个省之间可能竞赛项目会有所不同，不同年度间也会对有些竞赛项目进行调整。2019 年全国职业技能大赛中职组的竞赛项目主要有农机维修、建筑智能化系统安装与调试、工程测量、机器人技术应用、电梯维修保养、新能源汽车检测与维修、制冷与空调设备组装与调试、汽车运用与维修、汽车营销、分布式光伏系统的装调与运维、虚拟现实(VR)制作与应用、网络空间安全、网络搭建与应用、计算机检测维修与数据恢复、智能家居安装与维护、护理技能、沙盘模拟企业经营、电子商务技能、现代物流综合作业、酒店服务、服装设计与工艺、模特表演等 37 个赛项，此外，还有一些行业组织的如美发美妆、中华茶艺等项目的技能大赛。

2018 年，张新涛、张锦泉、张文涛三位同学代表福建参加分布式光伏系统的
装调与运维项目国赛，获全国三等奖

2019 年我校选手参加手工制茶(青茶)获省赛一等奖，晋级参加国赛

2018 年我校选手参加中国国际美容美发节比赛荣获金奖一项、银奖两项、铜奖一项

2019 年我校选手参加福建省网络空间安全职业大赛

2. 校园技能文化艺术节

职业院校技能大赛尽管各校与学生的参与热情都很高，但毕竟能有机会和资格参加省赛和国赛的同学数量可以说是少之又少，涉及面不够广。为了扩大同学们的参与面，让每个同学都能享受到技能教育的乐趣，让每个学生都有出彩的机会，进一步适应职业教育改革和素质教育的新形势，拓展学生的文化素质与艺术素养，展现学生们的时代青春风貌，学校每年都举办"校园技能文化艺术节"活动，2019 年已经是第十九届了。

学校"校园技能文化艺术节"活动形式丰富多样，包括校内各专业技能比赛、文体比赛、软硬笔书法、征文、校园十佳歌手赛、经典朗诵、文明风采比赛等 20 多个项目，活动贴近校园生活，有益学生身心健康。活动时间采取相对集中与分散举行相结合的办法，前后历时近两个月，各年级积极参与，参加比赛的同学们在紧张的学习之余，挤出自己的休息时间排练节目，从不叫苦叫累；负责筹备和评审的相关老师们、各班主任和后勤工作人员也倾尽全力，互相配合，保证了校园技能文化艺术节的顺利开展。

校园文化技能艺术节的活动原则是"人人参与，人人受益"，让每一位同学都能参与进来，享受艺术的熏陶，营造良好的学习氛围。为学生张扬个性、表现自我、展示艺术才华提供了一个展示的平台，让每位学生都能展现特长，挖掘自身潜力，提高艺术素养。通过开展丰富多彩的校园文化技能艺术活动，充分发挥学生的主动性和创新精神，发展学生的艺术特长，发现人才，培养人才。通过生动活泼和学生喜闻乐见的形式，激发学生对生活、对学校、对社会的热爱。以艺载德、以艺促智，充分发挥艺术教育的育人功能，健康校园文化生活，也成为我校文明建设与德育工作的一个重要部分。

校园技能文化艺术节演出

五四合唱比赛

国学讲座

实习生拜师

第四节　社团及活动

一、社团管理制度

学生社团是指学生为了实现会员的共同意愿和满足个人兴趣爱好的需要，自愿组成的按照社团章程开展活动的群众性学生组织。学生社团是我校校园文化建设的重要载体，是校园第二课堂的引领者。欢迎各位学生根据自己的兴趣爱好踊跃报名参加，并积极展示自己的专长、才华。为规范对学生社团的管理，学校制订了社团管理办法。

福建商贸学校社团管理办法

为规范学校对学生社团的管理，团委会全面贯彻"以人为本"的工作方针，强调人性化的管理模式。结合学校实际情况，特制订本办法。

总　　则

福建商贸学校校内所有社团统一归校团委社团部管理，团委指导社团部的工作。

第一章　社团的成立条件

1. 社团的活动必须健康向上，益智健体。

2. 各社团必须有三位擅长该社团活动的社员；至少必须有十五人组成的集体，才可向上级提出成立请求，并填写社团申请书。

3. 在未取得许可前，不得以社团名义组织活动，如有发现取消成立资格。

4. 成立社团的集体的所有同学必须遵守校纪校规，社员社长不得有处分记录。

第二章　招纳新社员的相关要求

1. 由学生自愿要求，报名加入社团。经社长及相关人员评定，允许加入后，正式成为该社成员，登记在册。

2. 申请加入的同学必须按照社员的要求来要求自己，若不符合，立即退社。

3. 评定办法：

(1) 社长面试，核准条件后上报社团联合会。

(2) 社团联合会监察并征求班主任意见，通过后张榜公布。

第三章　社团的义务和责任

1. 各社团必须在保障社员安全的前提下开展活动。

2. 各社团不得以任何借口、理由拒绝上级领导指示，否则取消该社团。

3. 各社团必须依照社团发展计划开展活动。

第四章 社团的活动相关要求

1. 社长和副社长(或其他社员)不得以任何形式参加违反校纪校规及法律的活动，更不得以社团或学校名义参加违反校纪校规及法律的活动。

2. 未经许可不得以任何形式向社员收费。

3. 活动场地及时间应向团委社团部通报，在学校允许的情况下开展活动；活动经费由学校讨论后再作安排。

4. 各社团一学期必须至少有二次活动，不足二次活动则取消该社团。

5. 可以和其他社团合作，但必须保留自己的特色。

6. 每一次开展活动前必须填写社团活动(申请)表。

第五章 社团的人员组成

在确保有 15 位社员的前提下社团必须有以下人员：

(1) 社长一名；

(2) 副社长一至两名；

(3) 三人以上有本社团专长的社员。

注：各社团社长可根据该社团的实际情况进行分组或进行其他调整。

第六章 社长及副社长的产生

1. 各社团的社长由社内选举、社外招聘和上级指派三种方式组成。

2. 先由社内选举，如无合适人选则进行社外招聘。产生候选人后再经上级面试，讨论产生社长。(副社长也如此。)

3. 社长和副社长任期一年，期满后从新选举。

第七章 社长及副社长的相关要求

1. 社长和副社长必须对社内活动饱含热情和兴趣，对社团要有极强的责任心。

2. 社长和副社长必须对社内活动有较深的了解，对其可能发生的意外和危险有明确的评估。

3. 社长或副社长不得无故缺席社内活动两次，否则取消领导资格。

4. 社长和副社长必须对所有社员公平对待，不可偏袒或排挤社员。

5. 社长和副社长有违纪行为或成绩有四门不及格，立刻停职。

6. 社长和副社长在不影响学校规定的前提下可以自行安排活动或会议。

7. 社长和副社长不可再参加学校内其他社团。

第八章　社员的相关要求

1. 社员要积极参加社团活动，对社团的活动要有热情和兴趣。

2. 不得违反校纪校规。

3. 服从社长领导，如遇问题可向社长反映。

4. 三次无故缺席社团活动视为自动退团。

5. 若每学期考试成绩有两门及以上不合格，则自动退团。

第九章　社团财产相关制度

1. 社团所有财产归学校所有，任何人不得私自使用，并占为己有。

2. 各社团财产由社长及副社长共同管理，各社所有财产必须登记在册，每月汇报一次。

第十章　附　则

本制度的解释权归福建商贸学校团委。

二、学生会

学生会是在学校党委领导、团委指导下的学生自己的群众组织，以全心全意为同学服务为宗旨，发挥服务学生的功能，是协助学校组织全校学生开展各种活动的核心力量，是培养学生干部的重要阵地，是共青团团结、组织、教育学生的得力助手，是学校联系广大学生的桥梁和纽带，根据校团委的计划和安排开展工作。

1. 学生会主要工作职责

(1) 在校党委领导下，接受学生科和校团委的指导，遵循和贯彻党的教育方针，以"四有"新人为目标，以学习为中心，组织开展群众性的学生工作，促进同学全面发展。

(2) 树立学生会的良好形象和威信，引导全体同学遵守校规校纪，倡导良好的校风、学风，促进同学之间、同学与教职员工之间的团结，协助学校建设良好的教学秩序和学习、生活环境；正确认识和处理学生个人利益与集体利益、国家利益的关系，民主与法制、自由与纪律的关系。

(3) 学生会是丰富学生课余文化生活的主要牵头人。组织同学开展文体活动、社会实践、志愿服务、创新创业等各种健康有益的课外活动和有益于成长成才的自我服务活动，协助学校解决同学在学习和生活中遇到的实际问题；配合有关科室搞好劳动卫生和学生生活管理；开展勤工俭学活动。

(4) 协助校保卫部门做好学校治安保卫工作，发动全校同学共同维护校园秩序。

(5) 引导和支持学生社团健康发展，配合团委加强对学生社团的管理和服务。

(6) 发挥学生自主管理优势，协助学校管理学生，营造良好的校园环境，沟通学校党政与广大同学的联系，通过学校各种正常渠道实事求是地向学校反映学生对教学、管理、生活等方面的建议、意见与要求，切实维护学生合法权益，发挥桥梁和纽带作用。

2. 学生会工作要求

(1) 培养主人翁意识，全心全意为广大学生服务。学生会要切实维护学生合法权益，坚持团结、求实、拼搏、奉献、向上、向善的工作精神。

(2) 加强自我修养，发挥先锋模范作用。学生会的每一位成员平时要大力加强自身修养，全面提高自己的综合素质，严以律己，宽以待人；诚实守信，以身作则；模范遵守学校的各项规章制度，发挥引领示范辐射作用。

(3) 加强沟通交流，促进良好学风建设。积极做好老师与学生沟通工作，提高思想认识，做好宣传工作，积极配合学校的管理，加强学习指导，营造活跃、高雅、和谐、创新有序的校园学习氛围，端正同学们的学习态度，提高同学们的学习兴趣与学习水平，使学生养成遵守纪律、热爱学习、文明礼貌的良好习惯。

(4) 开展文体活动，展示自我风采。配合学校第二课堂活动，积极组织同学们开展丰富多彩、高雅健康向上的文化娱乐和体育活动，既陶冶同学们的情操，丰富同学们的课余文化生活，锻炼同学们的技能与才艺，又为广大同学搭建起展示自我的平台，全面提高广大学生的综合素质。

(5) 听取学生意见，化解学生矛盾。积极探索建立听取学生意见、化解学生矛盾的长效机制，发挥学生自我管理、自律管理的作用。

(6) 加强学生会的自身建设。学生会干部是从学生干部中选拔出来的佼佼者，既代表学生干部的形象，也代表着学校的形象，因此要加强学生会的管理与自身建设，提升学生会干部素质与工作能力，充分发挥学生组织的积极作用。

3. 学生会干部任职条件

(1) 具有较高的政治觉悟和思想品质，拥护党的路线、方针、政策，思想进步，成熟稳重，组织纪律性强，无任何违纪违规记录。

(2) 有理想、有道德、有文化、有纪律，关心集体、团结同学、坚持原则、办事公道，作风正派民主。

(3) 能正确处理学习和工作的关系，学习成绩优良，坚持德、智、体、美、劳全面发展，能发挥先锋模范带头作用。

(4) 具有较强的组织能力、沟通能力、应变能力和协调能力，责任心和上进心强，具有全局观念和团队协作精神，善于调动同学们的积极性。

(5) 有广泛的同学群众基础，工作积极，主动热情，敢于大胆管理，有吃苦耐劳和奉献精神，积极开展批评与自我批评。

(6) 具备良好的心理素质，有坚强的自制力，善于控制自己的情绪，勇于为自己的决定与行动承担责任。

4. 学生会干部任免制度

(1) 学生会干部由各班班主任推荐候选人，校团委组织竞聘确定正式候选人并公示。

(2) 学生会干部采用民主集中制原则通过学生代表大会选举产生。

(3) 经学生代表大会选举产生的学生会，可以调整内部机构设置和任免学生会各部干部，但须报请校团委领导审批。

(4) 学生会干部出现下列情况之一的，应当免去干部职务：

① 违反纪律或学校规章制度，造成不良影响的；

② 对自己要求不够严格，模范表率作用差，学生反映意见较多的；

③ 发生失职、渎职或违反学生会管理制度的行为，造成不良后果的；

④ 工作中徇私舞弊、弄虚作假的；

⑤ 学期考试成绩出现两门及以上不及格的；

⑥ 受到学校警告及警告以上处分的。

5. 校园里的熔炉——当好学生干部

学生干部是指在学生群众组织或班级中担任某些职务，负责某些职责，协助学校或班主任进行管理工作的学生，是学生中的干部，是老师的左膀右臂和得力助手。学生干部按不同类别分主要有班干部、学生会干部、学生社团干部、共青团干部等。学生干部大多是学生中的佼佼者，是同学们的楷模和榜样。当一名学生干部能够在学校的各项活动中得到更多锻炼的机会，帮助自己提高修养、锤炼本领、提高综合素质。老师要引导学生干部树立正确的价值导向，营造风清气正的校园风气，引导青年学生扣好人生的"第一粒扣子"。要想当好一名学生干部应当具备以下素质：

(1) 良好的思想政治素质。

良好的思想政治素质是学生干部应具备的最基本的素质，包括较高的政治觉悟、思想品质和丰富的人文素养等。学生干部必须具有清醒的政治头脑和政治敏感度，要深入学习习近平新时代中国特色社会主义思想，牢固树立政治意识、大局意识、核心意识、看齐意识，自觉做到"两个维护"，光明磊落，知行合一，具有无私的奉献精神，有强烈的事业心和责任意识，能以身作则，把学生紧紧吸引和团结在自己周围。

(2) 严谨的工作作风。

作为学生干部，应当正确认识自己工作的意义，既是给自己一个锻炼提高的机会，也要耐心细致地为同学提供各种引导、帮助与服务，带领学生分析、解决学习生活中遇到的各种困惑与问题，增强学生自我管理的能力。要养成严谨细致的工作作风，处事公正，作风正派，积极努力工作，踏踏实实做好每一件事情，为其他学生树立榜样。

(3) 强大的综合素质能力。

学校开展各项工作，举行各种活动，都需要学生干部来协助组织。学生干部在开展工作中需要与不同类型的同学与各种组织打交道，建立密切的联系与工作关系，以便开展工作。因此，作为学生干部必须具备良好的组织能力、沟通协调能力、分析判断能力、语言表达能力、团队协作能力等。同时，学生干部面临的具体工作应该说是纷繁复杂的，这就需要学生干部提高自己分析、判断各种社会现象、社会思潮和客观事物等信息的能力。只有正确地分析和判断，才能做出正确的决策，才能做好各项工作。

(4) 良好的心理素质。

作为学生干部对自己要有正确的认知与评价，明确自己的优缺点，扬长避短。要有宽广的胸怀，做到宽容忍耐，方能成就大事；要树立正确的竞争心理，有时哪怕落选了，也要坦然面对，做到豁达开朗。要培养自己丰富而稳定的情感情绪，增强与老师、同学沟通的能力，获得同学们的信任与敬佩。作为学生干部，有时要面对各种压力，甚至工作中遇到一些挫折与干扰，要有坚定的信念，顽强的意志，善于控制自己的情绪，增强自信心与自制力，养成冷静、果断、干练的作风，面对各种问题能泰然自若，处变不惊。

6. 学生会工作细则

福建商贸学校学生会工作细则

(一) 学生会主席岗位职责

1. 负责学生会全面工作，定期拟定工作计划，提交工作总结。

2. 布置、督促、检查各部的工作，支持召开学生会及班长和有关人员的会议。

3. 掌握班级工作情况，分析学生的思想动态，提出改进和加强学生管理工作的意见。

4. 代表学生会与学校沟通。了解学生动向，及时反映学生意见、建议与要求，及时向学生传达学校反馈。

5. 在工作中随时与校团委保持联系，并及时向学生科请示、汇报。

(二) 学习部长岗位职责

1. 围绕学生的学风建设，指导各班级学习工作。

2. 掌握班级的学习情况，组织学习经验交流和评教评学等活动。

3. 沟通教学建议与意见，贯彻教学管理部门的要求，以提高教学质量。组织学生对学习效果的检查和督促，收集反映学生对学习的要求和意见，并反馈到学校教学管理部门。

4. 积极配合教研室等开展第二课堂活动。

(三) 宣传部长岗位职责

1. 负责做好学生的宣传报道工作，做好班级黑板报的检查与评比工作。

2. 协助校团委做好宣传报道工作，办好广播站、宣传栏。

3. 在国家法定节日前做好有意义、有特色，符合节日主题的板报、海报。

(四) 纪检部长岗位职责

1. 负责检查各班级的各项评比活动，督促同学自觉遵守校纪校规，维护学校正常的教学和生活秩序。

2. 在学校安全工作领导小组的领导下，做好学生的日常治安保卫工作。

3. 负责安排学生宿舍楼的安全值班，经常检查学生宿舍楼的各项安全措施落实情况。

(五) 文体部长岗位职责

1. 指导各班级文体委员工作。在学生科、团委和体育老师的指导下，组织开展有益于学生身心健康的各项文体活动。

2. 检查、评比各班出操情况。

3. 组织各类文体兴趣小组和社团，加强兴趣小组和社团的管理、评比，活跃学生课余生活。

(六) 生活部长岗位职责

1. 指导各班生活委员开展工作。

2. 主持各班生活委员和寝室长会议。

3. 收集学生对生活方面的建议、意见和要求，及时向学校有关部门反映。

4. 协助总务、伙食管理部门做好学生的生活管理，进行菜样收集，维持就餐秩序。

(七) 女生部长职责

1. 协助学校做好女生日常管理工作。

2. 督促女生自觉遵守学校各项规章制度。

3. 组织开展有益于女生身心健康的各种活动。

4. 及时反映女生的特殊诉求。

(八) 劳动卫生部长职责

1. 指导各班劳动委员开展工作。

2. 召开劳动委员会议；安排、组织全校学生参与的劳动卫生工作。

3. 落实检查评比劳动卫生情况，督促解决卫生"死角"。

4. 协助学校做好学生体检安排。及时防范学生出现传染病情况。

团代会与学代会

三、校级社团活动

结合学校第二课堂的开展，充分利用校内场地设施，我校组建了 16 个校级社团，包括有：新校园小记者社团、梦工厂摄影社团、棋类爱好者俱乐部、梦之队排球、篮球社、乒乓球社团、快乐足球社、健身健美队、仪仗队、梦想合唱团、心飞扬舞蹈队、健美操、啦啦操俱乐部、礼仪队、星辰美术社团、吉他社。

在学校社团的基础上，各班级还建立了以兴趣小组和所学专业相关的班级社团，做到班班有社团，极大地丰富了校园课余文化生活。优秀的社团成果还会在各类晚会、技能节颁奖等平台上进行展示。

优秀社团活动展示如下。

共青团福建商贸学校委员会是中国共产党领导的先进青年的群众组织，是福建商贸学校青年在实践中学习中国特色社会主义和共产主义的学校，是学校党的助手和后备军，是联系党和青年的桥梁和纽带，担负着服务学校发展建设、服务青年成长成才的工作任务。

校团委在学校党委领导下和上级团组织的指导下开展工作。发扬共青团的光荣传统和优良作风，秉承"自强、明德、敏行、致远"的校训，坚持立德树人，突出思想引领和成长服务两大任务，注重加强团委自身建设，重点在思想政治引领、基层组织建设、校园文化建设、社会实践、创新创业、志愿服务等方面开展工作，教育和引导广大团员青年积极培育和践行社会主义核心价值观，着力打造完善的第二课堂育人体系。

团委上团课

学校仪仗队

学校啦啦操队参加福建省啦啦操比赛

学校舞龙舞狮队

学校腰鼓队

学校合唱团

学校礼仪队

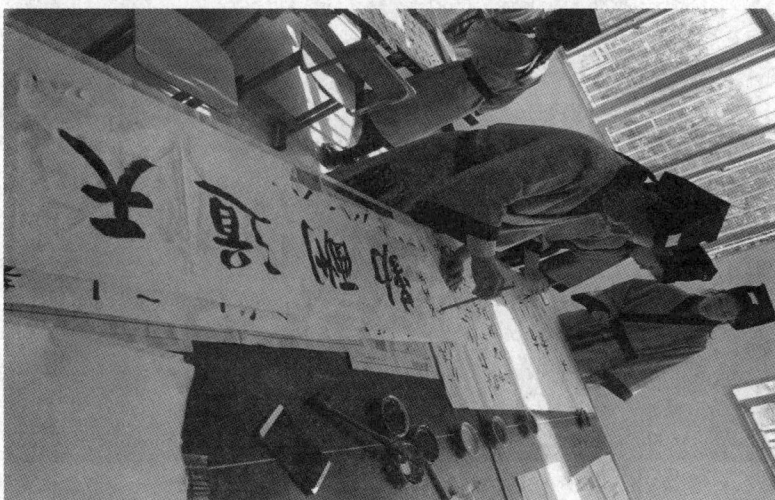

学校书法社团

学校舞蹈队

学校青年志愿服务活动

艺术插花

学校男子篮球队

学校女子篮球队

　　学校设有"商芽叶茂"创新创客空间中心，每年在全校范围征集创新创业项目设计，通过评审确定入围项目，然后由项目导师带领同学们一起推进创新创业项目的开展，帮助同学们树立创新创业意识，积累创新创业知识与阅历。

创客空间

学校男子排球队训练

学校男女排球队参加福建省中职校排球比赛

四、优秀团体和个人评选管理制度

1. 优秀团支部、优秀团干部、优秀团员评选管理制度

福建商贸学校优秀团支部、优秀团干部、优秀团员评选办法

一、福建商贸学校优秀团支部评选办法

(一)团支部的思想建设(40分)

1. 团支部注重团员青年的政治思想教育，教育引导团员青年贯彻执行党的基本路线、方针、政策；并能结合团组织部开展有效的讨论、交流，每学期此类活动至少开展两次(10分)；

2. 团员政治态度积极向上，多数团外青年递交入团申请书(5分)；

3. 支部要严格按照"推优"细则向团组织"推优"，并做到"推优"工作有计划、有效果、有材料；有能力发现和帮助解决个别同学存在的思想问题(5分)；

4. 建立长期的青年志愿者服务队，积极开展青年志愿者服务活动，开展多种形式的尊师活动，并形成制度，每学期至少组织一次活动(有书面汇报材料和图片资料)(10分)；

5. 团支部积极领导支部团员进行广泛的社会实践(有书面汇报材料和图片资料)，支部展现出参与校园乃至社会建设的热情，每年参加校组织的社会实践活动(5分)；

6. 团支部能够适时对团员进行形势教育、理想教育、纪律教育和革命传统教育，使同学普遍具有爱国主义精神、国际意识、公民道德意识(5分)。

(二)团支部的组织建设(30分)

1. 团支部具有较强的凝聚力与向心力，将支部同学紧密团结在一起，先进带动后进，互帮互学，成果显著(10分)；

2. 按时向校团委缴交团费，认真做好每年一度的团籍注册工作，按要求做好团员证补发工作，团员离校时做好团关系转出工作(5分)；

3. 团支部与班委会配合良好，努力在班级中营造良好的学风、班风，带领同学努力学习，健康成才(5分)；

4. 团支部能够组织团员青年开展丰富多彩、健康向上的文体活动(每学期不少于两次，每学年不少于五次)。活动要有广泛的群众性，能够涉及支部每一位成员。在开展支部工作时富于创造性和连续性，以良好的工作效果和独特的工作形式，体现本支部工作的特色(有书面材料和图片资料)(5分)；

5. 将所开展的民主生活会、志愿者服务、社会实践、支部文体活动等情况及时按要求翔实的做好文字记录，志愿者服务、社会实践、支部文体活动等要保留图片资料(5分)。

(三) 团支部的学风建设(30分)

1. 团支部委员学习认真刻苦，成绩优良，操行优良率90%以上，在支部中能够起到模范带头作用(25分)；

2. 学习风气浓厚，团员学习成绩良好(5分，不及格一人次扣1分)；

3. 团支部能积极组织本支部同学参与第二课堂，推进学校第二课堂活动的开展(参与一个第二课堂加1分，上限5分)。

二、优秀团干部评选办法

1. 政治坚定。坚持四项基本原则，贯彻执行党的路线、方针、政策，敢于同各种错误思想和歪风邪气作斗争(30分)；

2. 学习认真。在学习政治，科学文化和专业知识等活动中起模范带头作用，成绩良好，综合测评成绩在班级列前20%，学年无不及格科目(20分)；

3. 工作勤奋。有强烈的事业心和责任感，勤于思考，勇于创新，自己动手，多干实事，知难而进，积极主动地在青年中开展工作(20分)；

4. 作风扎实。朝气蓬勃，踏实肯干，讲究实效，有合作奉献精神，做青年的知心朋友(20分)；

5. 品德高尚。克己奉公，助人为乐，团结同学，公道正派，诚实谦虚，有自我批评精神(10分)。

三、优秀团员评选办法

1. 政治坚定。坚持四项基本原则，贯彻执行党的路线、方针、政策，敢于同各种错误思想和歪风邪气作斗争(30分)；

2. 学习认真。在学习政治、科学文化和专业知识等活动中起模范作用，成绩良好，综合测评成绩在班级列前 20％，本学年无不及格科目(20 分)；

3. 热爱团的组织。积极完成组织交给的任务，服从组织分配，踊跃参加团的各项活动(10 分)；

4. 品德高尚。克己奉公，助人为乐，团结同学，公道正派，诚实谦虚，遵守校规，社会公德意识强(10 分)；

5. 有明确的团员权利与义务观念，按时缴纳团费，并自觉执行团的各项决议，关心团的事业，主动为团的工作献计献策，积极参加团的组织生活(10 分)；

6. 充分发挥个人特长，为本校各项建设工作及活动服务并取得成效，如文艺体育、社会实践和青年志愿服务等方面(10 分)；

7. 密切联系群众，虚心向群众学习，敢于自我批评，自觉接受群众的批评与监督(10 分)。

四、比例名额

1. 优秀团员、优秀团干每个支部各推荐 1 名候选人，评选产生；

2. 受过各种处分的团员，年度内不予评选优秀。

2. 先进集体、先进个人评选管理制度

福建商贸学校先进班集体、先进个人评选细则

为了全面提高教育质量，表彰先进，培养适应社会主义建设要求的有理想、有道德、有文化、有纪律的合格人才，鼓励学生在学习期间参加社会工作和提高学生独立工作能力。经学校各级领导研究决定在我校开展评选"先进班级""三好学生""优秀学生干部"和"单项积极分子"的工作，现提出如下意见。

一、先进班级(学校先进班集体名额限定在 10% 以内)

1. 政治坚定、团结协作、以身作则、工作能力强的班委会；

2. 积极上进、团结互助、遵纪守法、崇尚科学、热爱集体、朝气蓬勃、文明健康的班级作风；

3. 有严谨求实、刻苦钻研、奋发向上的优良学风；

4. 积极参与校风建设和争做文明先锋活动；保持良好的班级卫生环境和班级卫生习惯；综合班风评比名次列前 15%；

5. 全班同学《国家学生体质健康标准》达标率在 95% 以上。

二、三好学生(凡符合"三好学生"各项要求的按班级学生人数的 6% 报送)

1. 政治思想好。具有坚定、正确的政治方向，优良的道德品质，文明的行为举止，遵纪守法，遵守社会公德，树立社会主义的荣辱观，能模范执行学校的规章制度，积极参加公益劳动和社会实践等社会主义精神文明建设活动，操行评定为优。

2. 学习好。学习目的性明确，能认真、勤奋、刻苦地学习，努力钻研专业知识，积极参加专业实习，学习成绩优秀，各科成绩平均分要达到 85 分以上。

3. 身体好。积极参加体育锻炼，体育成绩在 75 分以上，达到"学生体质健康标准"。

三、优秀学生干部(每班评出班级人数的 6%，若班级无评三好学生，则可评出班级人数的 10%)

1. 政治思想好。具有坚定、正确的政治方向，优良的道德品质，文明的行为举止，遵纪守法，遵守社会公德，树立社会主义的荣辱观，能模范执行学校的规章制度，积极参加公益劳动和社会实践等社会主义精神文明建设活动，操行评定为优。

2. 学习认真、态度端正。学习目的性明确，虚心好学，振奋精神，刻苦钻研，学习成绩良好，学期末各科成绩均及格，且平均在 75 分以上。

3. 担任班级、团支部或学生会主要干部。热心社会工作，热情为同学服务，学习刻苦，严于律己，努力工作，组织能力强，能出色地做好本职工作和完成各项任务，在同学中具有较高的威信。

四、单项积极分子(评出每班人数的 20%，每单项各评出 4%，累计评出班级人数的 20%)

1. 学习积极分子条件：

(1) 坚持四项基本原则，拥护党的路线、方针、政策，遵守学生守则和学校规章制度，遵守社会公德。

(2) 热爱专业，学习目的性明确，学习态度端正，具有顽强的学习毅力和勤奋学习的精神，各科成绩达到及格以上，学习成绩优良且平均分在 80 分以上。

(3) 专心听讲，认真做好课堂记录，及时按质按量完成各科作业，掌握各门功课的基本知识和基本技能，成绩显著，有一定的分析问题和解决问题的能力。

(4) 尊敬师长，团结同学，坚持学习，做到正课、自习课无旷课，不迟到、不早退。

2. 工作积极分子条件：

(1) 热爱党、热爱人民、热爱社会主义祖国，坚持四项基本原则，认真贯彻执行党的路线、方针、政策，遵守学生守则和学校各项规章制度。

(2) 工作认真负责，有一定组织能力和工作能力，积极宣传党的方针政策，积极响应组织号召，勇于接受任务并努力完成。

(3) 在开展"学雷锋，创文明班级、文明宿舍"活动中积极宣传，及时表彰好人好事，能正确开展批评与自我批评，勇于同各种不良倾向作斗争。

(4) 尊敬师长，团结同学，遵守"学生守则"和学校规章制度，努力学习，热爱专业，各科成绩达到及格以上。

3. 劳动积极分子条件：

(1) 认真贯彻执行党的路线、方针、政策，坚持四项基本原则，遵守学生守则和学校各项规章制度。

(2) 积极响应组织号召，勇于接受任务，完成任务好，积极参加校内外义务活动，不计较个人得失，不怕苦不怕累，讲究卫生，有良好的卫生品德，爱护公物，热爱劳动，遵守社会公德，各方面表现突出。

(3) 尊敬师长，团结同学，讲究礼貌，注重思想和情操的修养，具有共产主义道德的新风格。

(4) 热爱专业，努力学习，各科成绩均达及格以上。

4. 文体积极分子条件：

(1) 热爱党、热爱人民、热爱社会主义祖国，坚持四项基本原则，遵守学生守则和学校各项规章制度。

(2) 积极参加体育锻炼，认真上好体育课，坚持身体锻炼，体育课、早操、课间操做到无旷课，不迟到、不早退，在各项大型体育比赛中获奖，表现突出。

(3) 积极参加校内外文娱、体育活动，为活跃学校或班级文娱生活，能发挥自己的特长，善于发动或带领同学积极参加各类文体活动，成绩显著。

(4) 尊敬师长，团结同学，努力学习，各科成绩达到及格以上。

5. 青年志愿者积极分子条件：

(1) 坚持四项基本原则，崇尚科学、追求真理、学习勤奋、工作认真，关心青年志愿者活动，积极参加社会实践活动，坚持锻炼且无补考及违纪现象。

(2) 热心公益事业，利用业余时间无偿为社会作出奉献，在青年志愿者活动中起模范带头作用。

(3) 积极响应组织号召，勇于接受任务，完成任务好，积极参加校内外义务活动，不计较个人得失，不怕苦不怕累，讲究卫生，有良好的卫生品德，爱护公物，热爱劳动，遵守社会公德，各方面表现突出。

(4) 尊敬师长，团结同学，努力学习，各科成绩达到及格以上。

五、评选时间与办法

先进班级、三好学生、优秀学生干部和单项积极分子每学年评选一次，在每学年第二学期期末进行。评优工作要在班主任的指导下按评选办法进行，因违纪或处分的，取消评选资格，报校团委审核，学校批准。

五、第二课堂活动

所谓第二课堂活动，主要是指在课堂教学活动之外的，有利于学生课余时间发展特长，增加学识，开发智力，培养能力，提高思想，陶冶情操的学习、教育、交流和实践活动。第二课堂是课堂教学的有益补充，也是丰富校园文化生活的重要手段，更是拓展教育教学多样性和实践性探索的重要方式，其重要性不亚于专业课堂教学。

第二课堂活动形式是多种多样的，按内容划分主要有学术研究型、文学艺术型、道德修养型和社会实践型等。按组织形式划分主要有以下几类：

(1) 兴趣小组类：是通过各教研室统一组织报名，将同专业或不同专业的学生以某种兴趣爱好或学习目的组织成一个小组型集体，利用业余时间由老师定时辅导和小组自行组织相互学习的活动类型。

(2) 竞赛类：根据上级管理部门统一布置和校内学期的总体计划安排，由教研室统一组织的面向学生举办的各类竞赛活动。

(3) 讲座类：由教研室结合教学和专业建设的需要，安排联系校外专业人士或由本校教师组织开展的面向学生的各类讲座、报告等活动。

第二课堂活动形式可灵活多样，活动内容由各教研室组织协调安排，要体现以下几点原则：

(1) 培养学生某种兴趣爱好，锻炼相应技能；

(2) 体现职业教育的特色；

(3) 丰富校园文化建设；

(4) 避免低俗不雅、影响学生身心健康；

(5) 安全第一。

第二课堂活动由分管校领导负责领导和审批，教务科负责审核和统计课时，各教研室负责具体实施和日常管理。

第二课堂活动只能利用课余时间开展活动，不得占用白天正常上课时间，晚自习时间原则上也不占用。

第二课堂活动由各教研室指定专人负责，要积极做好前期的计划、动员报名和考勤工作。参加第二课堂活动的学生要自觉按《学生课堂出勤办法》认真参加，如缺勤数超过规定，取消参加第二课堂活动的资格。

第二课堂活动地点和所需设施设备由各教研室的活动负责人事先向相关管理部门联系，了解使用状况，结合当前学校实际情况提出申请，并由教务科与相关管理部门协调后使用，使用过程中如遇场地、设施设备使用冲突，由活动负责人及时自行做好协调工作。

第二课堂活动不得向学生收取任何学费性质的费用，对于开展活动的必要的材料费用，可酌情向学生收取，但事先应在活动计划中注明，经教务科审核和分管校领导审批后方可收取。非必要的材料应指导学生自行购买。

活动负责人应在第二课堂活动结束后上交一份活动总结。其中兴趣小组类活动应对参加小组的学生进行出勤考核和学业考核，考核结果列入活动总结中。竞赛类活动应将学生获奖情况列入活动总结中。讲座类活动应将参加讲座的学生班级、人数等情况列入活动总结中。

创新创业讲座

舞蹈兴趣排练活动

中华诵经典诵读比赛

拔河活动

参 考 文 献

[1] 徐健，韦世道，贾慧苏. 中职新生入学教育读本. 北京：现代教育出版社，2017.

[2] 林水生. 开启华天之路. 北京：北京理工大学出版社，2016.

[3] 马连华，杜学森. 天津滨海职业学院入学指南. 北京：北京理工大学出版社，2014.

[4] 张大均. 教育心理学. 北京：人民教育出版社，1999.

[5] 张春兴. 现代心理学. 上海：上海人民出版社，1994.

[6] 黄惠昭、林庆. 中等职业学校学生心理健康状况调查分析. 卫生职业教育，2004，6(22).

XDUP 592500

封面设计：倚天

福建商贸学校
学生成长教育读本

ISBN 978-7-5606-5623-6

9 787560 656236 >

定价：35.00元